iglo

Lecker ist mir *lieber!*

105 knackige Rezepte mit Geling-Garantie

iglo

Lecker ist mir *lieber!*

Tre Torri

Inhalt

Vorwort

Liebe Leser,

„Was gibt's denn heute?" Hinter dieser Frage verstecken sich meist Lust auf Leckeres und Neugier auf Neues. Wer für andere kocht weiß, dass nichts die Kreativität am Herd mehr beflügelt als glückliche und zufriedene Esser.

Unser neues Kochbuch „Lecker ist mir lieber!" gibt zahlreiche Antworten auf die Eingangsfrage und ist eine Fundgrube an unkomplizierten Rezeptideen für die ganze Familie. Mit 105 neu entwickelten Kreationen aus Gemüse, Fisch und Fleisch zaubern Sie jeden Tag köstliche, ausgewogene und abwechslungsreiche Mahlzeiten!

Klassiker wie die Fischstäbchen sind ungewöhnlich und genussvoll in Szene gesetzt. Traditionelle Gemüsebestseller wie beispielsweise Apfelrotkohl oder der berühmte Spinat mit dem Blubb werden originell kombiniert. Alle Rezepte sind leicht zuzubereiten und kommen mit wenigen, im Supermarkt erhältlichen Zutaten aus.

In der iglo-Küche hat ein erfahrenes Team aus Köchen, Ernährungswissenschaftlern und Hausfrauen alle Rezepte auf Geschmack, Ausgewogenheit und Verständlichkeit geprüft. Erst als das ganze Team vom Ergebnis überzeugt war, wurde das Rezept ins Buch aufgenommen und erneut nachgekocht. Urteil: „Schmeckt lecker und gelingt garantiert!" Ein Foto zu jedem Rezept gibt zusätzlich Anregungen fürs Anrichten und macht Lust aufs Ausprobieren.

Unser Kochbuch-Team hat „Lecker ist mir lieber!" mit Leidenschaft für Qualität erdacht und erkocht. Jetzt hoffen wir, dass Sie viel Spaß haben an unseren Ideen und sie zu genussvollem Leben erwecken!

Lassen Sie es sich gut schmecken!

Ihr Tre Torri Verlag

iglo – mit Liebe fürs Produkt

Ob Fisch, Gemüse oder Kräuter – wir veredeln unsere hochwertigen Rohwaren zu Produkten, die Sie bedenkenlos genießen können. Dazu bringen wir Tag für Tag unsere jahrzehntelange Erfahrung in die Verarbeitung der Lebensmittel ein und kontrollieren sorgfältig jeden Schritt im Produktionsprozess.

Wir haben uns den Regeln eines modernen Qualitätsmanagements verschrieben und achten darauf, nachhaltig zu wirtschaften. In unserem Spinatanbaugebiet im Münsterland arbeiten wir beispielsweise nur mit ausgesuchten Landwirten zusammen. Sie kultivieren den Spinat für uns nach umweltschonenden Methoden und stimmen die Ernte so mit uns ab, dass Ihr iglo-Spinat nur wenige Stunden vom Feld bis in die Verpackung braucht.

Auch bei der Qualität unseres Fischs machen wir keine Kompromisse. Er kommt bevorzugt von Fischereien, die sich bestandsschonenden Fangmethoden verpflichtet haben. Das erkennen Sie beim Einkauf am blauen Siegel des Marine Stewardship Councils auf den iglo-Verpackungen.

iglo steht im ständigen Dialog mit den Verbrauchern und weiß daher, was den Menschen bei ihrer Ernährung wichtig ist. Wegen der großen Nachfrage gibt es jetzt das passende Kochbuch zu den iglo-Produkten. In „Lecker ist mir lieber!“ steckt das ganze Wissen unserer Ernährungsexperten. Für Sie bedeutet das ganz einfach: Gesunder, unkomplizierter Genuss Tag für Tag!

Guten Appetit wünscht

Ihr iglo-Ernährungsteam

SALATE

Nudel-Gemüse-Salat mit Thunfisch

35 Min

Für 4 Portionen

- 200 g kurze Makkaroni
- 100 ml Gemüsebrühe
- 150 g iglo Prinzessbohnen
- 150 g iglo Broccoli-Röschen
- 1 gelbe Paprikaschote (ca. 150 g)
- 100 g Thunfisch (im eigenen Saft)
- 20 g Kapern
- 30 g schwarze Oliven, ohne Stein
- 2 Scheiben Vollkorntoast
- Salz

Dressing

- 3 EL Balsamico-Essig
- 3 TL Olivenöl
- 4 EL Gemüsebrühe
- 1 Packung iglo Italienische Kräuter
- 1 TL iglo Knoblauch-Duo
- Salz, Pfeffer

Nudeln in reichlich kochendem Salzwasser etwa 7 Minuten bissfest garen, abgießen und kalt abschrecken.

In einem Topf Gemüsebrühe aufkochen lassen und tiefgefrorene Prinzessbohnen 4–5 Minuten darin garen. Broccoliröschen ebenfalls tiefgefroren hinein geben und weitere 2–4 Minuten garen. Das Gemüse über einem Sieb abgießen und abkühlen lassen. Dabei die Brühe für das Dressing auffangen. Broccoliröschen halbieren.

Paprika waschen, putzen, Innenhäute und Kerne entfernen und in dünne Streifen schneiden. Thunfisch abtropfen lassen und mit einer Gabel zerpflücken.

Für das Dressing alle Zutaten mischen und mit Salz und Pfeffer abschmecken.

Nudeln mit Gemüse, Thunfisch, Kapern und in Scheiben geschnittenen Oliven mischen und mit dem Dressing gründlich vermengen.

Toastbrot in Würfel schneiden und in einer Pfanne ohne Öl vorsichtig anrösten. Den Salat mit den Brotwürfeln bestreuen.

Nährwerte je Portion: 393 kcal / 1649 kJ, 15 g E, 10 g F, 55 g KH

Asiatischer Rindfleischsalat

20 Min

Für 3 Portionen

1 Rumpsteak (ca. 200 g)
1 TL Sesamöl
400 g iglo Asia Wok-Mix
1/2 kleiner Chinakohl
1/2 kleiner Rettich
frisches Koriandergrün
Salz, Pfeffer

Dressing
4 EL Sojasauce
Saft von 1 Limone
2 TL Honig
1 kleine rote Chilischote
4 EL Sesamöl
Salz, Pfeffer

- Steak im heißen Öl von beiden Seiten medium braten, mit Salz und Pfeffer würzen und in Streifen schneiden.
- Tiefgefrorenen Asia Wok-Mix in eine heiße beschichtete Pfanne geben, 1–2 EL Wasser zufügen und 3–4 Minuten unter mehrmaligem Rühren braten. Chinakohl und Rettich putzen und in feine Streifen schneiden. Alle Gemüse in einer Schüssel mischen.
- Aus Sojasauce, Limonensaft, Honig, sehr fein gehackter Chili und Sesamöl ein Dressing rühren und mit Salz und Pfeffer abschmecken. Salat damit anmachen und mit Rindfleischstreifen und frischem Koriandergrün anrichten.

Nährwerte je Portion: 374 kcal / 1551 kJ, 21 g E, 24 g F, 13 g KH

Meeresfrüchtesalat

30 Min

Für 4 Portionen

150 g Tintenfischtuben (Sepia, tiefgekühlt)
200 g Fischfilet (z.B. Lachs)
1 EL Olivenöl
1 Bund Frühlingszwiebeln
100 g Zuckerschoten
300 g iglo Broccoli-Röschen
150 g Tiefseegarnelen (geschält und gekocht)
1 Zweig Dill
Salz, Pfeffer

Dressing
Saft von 1 Zitrone
1 Packung iglo Dill
1 Packung iglo Knoblauch-Duo
1 EL Zucker
Salz, Pfeffer

- Die aufgetauten Sepien in Ringe, das Fischfilet in 3 cm große Würfel schneiden. Sepiaringe in einer beschichteten Pfanne mit Olivenöl bei mittlerer Hitze 5–6 Minuten braten und herausnehmen. Im Bratensatz die Fischfiletstücke 3–4 Minuten braten, mit Salz und Pfeffer würzen.
- Frühlingszwiebeln waschen, putzen und schräg in Ringe schneiden. Zuckerschoten quer halbieren, tiefgefrorene Broccoliröschen halbieren und mit den Frühlingszwiebeln in kochendes Salzwasser geben, aufkochen lassen und 1-2 Minuten garen, dann mit kaltem Wasser abschrecken.
- Die Zutaten für das Dressing mit einem Mixstab pürieren und mit Salz und Pfeffer abschmecken.
- Garnelen, Sepia, Fisch und Gemüse in einer Schüssel vorsichtig mischen. Salatsauce unterheben und mit Dillspitzen garniert servieren.

Nährwerte je Portion: 357 kcal / 1499 kJ, 26 g E, 20 g F, 13 g KH

Asiatischer Glasnudelsalat

30 Min

Für 4 Portionen

100 g Hähnchenbrustfilet
100 g breite Glasnudeln
1 Bund Frühlingszwiebeln (ca. 100 g)
100 g Zuckerschoten
300 g iglo Junge Erbsen, aufgetaut
3–4 Zweige Minze
1 kleine rote Chilischote
50 g Alfalfasprossen
Salz

Dressing

100 g Naturjoghurt (3,5 % Fett)
50 ml Gemüsebrühe
3 TL Weizenkeimöl
2 TL Honig
Saft von 1 Limette (ca. 30 ml)
Salz, Pfeffer

Hähnchenfleisch in kochendem Salzwasser bei kleinster Hitze etwa 15 Minuten gar ziehen lassen. Herausnehmen, trocken tupfen, abkühlen lassen und schräg in dünne Streifen schneiden.

Glasnudeln 3–4 Minuten in Salzwasser garen, abgießen und abkühlen lassen. Mit einer Schere zerschneiden.

Frühlingszwiebeln putzen, waschen und in feine Ringe schneiden. Zuckerschoten waschen und der Länge nach schräg halbieren. In Salzwasser 2–3 Minuten garen. Frühlingszwiebeln, Zuckerschoten und Erbsen mit den Glasnudeln mischen.

Minze waschen, trocken tupfen und die Blättchen fein hacken. Chili waschen, putzen, der Länge nach halbieren, die Kerne entfernen und in dünne Streifen schneiden.

Alle Zutaten für das Dressing miteinander verrühren und mit Salz und Pfeffer abschmecken.

Den Salat auf Teller verteilen, Hähnchenbruststreifen darauf setzen und mit Minze, Sprossen und Chilistreifen bestreuen. Mit dem Dressing anrichten.

Nährwerte je Portion: 260 kcal / 1091 kJ, 14 g E, 6 g F, 36 g KH

Kartoffel-Rosenkohl-Salat

35 Min

Für 4 Portionen

- 400 g kleine Kartoffeln
- 100 g Frühlingszwiebeln
- 50 g iglo Rosenkohl, aufgetaut
- 20 g Sonnenblumenkerne
- 30 g durchwachsener Speck
- 1 Packung iglo Salatkräuter
- Salz

Dressing

- 250 ml Gemüsebrühe
- 5 TL Essig
- 4 TL Rapsöl
- 20 g Senf
- 20 g Honig
- Salz, Pfeffer

Kartoffeln mit Schale in reichlich Salzwasser etwa 20 Minuten gar kochen, mit kaltem Wasser abschrecken und pellen. Mit einem Eierschneider oder Messer in dünne Scheiben schneiden.

Frühlingszwiebeln putzen, waschen und schräg in feine Ringe schneiden. Rosenkohl halbieren und mit den Kartoffelscheiben in einer Schüssel mischen.

Für das Dressing alle Zutaten in einem Topf aufkochen lassen und heiß über den Salat gießen. Mit Salz und Pfeffer abschmecken und 1/2 Stunde ziehen lassen.

Sonnenblumenkerne in einer beschichteten Pfanne ohne Fett rösten und herausnehmen. Speck in Streifen schneiden, in der Pfanne knusprig ausbraten und auf Küchenkrepp abtropfen lassen.

Kräuter unter den Salat mischen und mit Speckstreifen und Sonnenblumenkernen garniert servieren.

Nährwerte je Portion: 254 kcal / 1066 kJ, 6 g E, 13 g F, 25 g KH

Sprossen-Rucola-Salat mit Mangosalsa

20 Min

Für 2 Portionen

- 1 Bund Rucola
- 100 g Sprossenmischung
- 250 g iglo Filegro Müllerin Art
- 1 EL Sesamöl

Mangosalsa

- 1/2 Bund Frühlingszwiebeln
- 1 reife Mango
- Saft von 1 Limette
- 3 TL Sesamöl
- 1 TL Sambal Oelek
- 1 TL brauner Zucker

Rucola waschen, putzen und in mundgerechte Stücke pflücken. Die Sprossen waschen.

Tiefgefrorenen Fisch in heißem Öl bei mittlerer Hitze 8–10 Minuten braten, dabei mehrmals wenden, anschließend aus der Pfanne nehmen und in Stücke schneiden.

Frühlingszwiebeln putzen und in feine Ringe schneiden. Mango schälen, Fruchtfleisch vom Kern schneiden und fein würfeln. Mangowürfel und Frühlingszwiebeln in eine Schale geben. Limettensaft, Öl, Sambal Oelek und braunen Zucker zugeben und alles gut vermengen.

Rucola und Sprossen auf Tellern anrichten, den Fisch darauf platzieren und mit der Salsa übergießen.

Nährwerte je Portion: 360 kcal / 1503 kJ, 23 g E, 16 g F, 29 g KH

Broccoli-Hähnchen-Salat auf rotem Chicorée

35 Min

Für 4 Portionen

100 g Basmatireis
1 roter Chicorée oder Radicchio
1 Paprikaschote (ca. 150 g)
30 g Mandelblättchen
2 TL Sesamöl
250 g iglo Hähnchen-Crunchys
300 g iglo Broccoli-Röschen, aufgetaut
Salz

Dressing
3 TL Essig
3 TL Sesamöl
1 EL Sojasauce
15 g Honig
Salz, Pfeffer

Basmatireis mit 200 ml Salzwasser zum Kochen bringen und bei kleinster Stufe und geschlossenem Deckel 10 Minuten quellen lassen.

Chicorée putzen, waschen und die Blätter vom Strunk trennen. Paprika waschen, putzen, Kerne und Innenhäute entfernen und in dünne Streifen schneiden.

Mandelblättchen in einer beschichteten Pfanne ohne Fett goldbraun rösten und aus der Pfanne nehmen.

Öl in der Pfanne erhitzen und die tiefgefrorenen Hähnchen-Crunchys bei mittlerer Hitze 7–8 Minuten darin goldbraun braten. Dabei mehrmals wenden.

Für das Dressing alle Zutaten mischen und mit Salz und Pfeffer abschmecken.

Broccoliröschen halbieren, mit Paprika und Reis mischen und auf den Chicoréeblättern mit etwas Dressing anrichten. Die Crunchys auf dem Salat verteilen und das restliche Dressing dazu reichen.

Nährwerte je Portion: 340 kcal / 1429 kJ, 18 g E, 11 g F, 40 g KH

Bunter Weizensalat

25 Min

Für 4 Portionen

200 g Ebly-Weizen
130 g Gouda (17 % Fett)
1 rote Zwiebel (ca. 50 g)
100 g Kirschtomaten
100 g Rucola
150 g iglo Junge Erbsen, aufgetaut
150 g Mais (aus der Dose)
1 Packung iglo Schnittlauch
Salz

Dressing

4 TL Weinessig
50 ml Brühe
1 TL Honig
1 TL Senf
3 TL Rapsöl
Salz, Pfeffer

- Weizen in kochendem Salzwasser nach Packungsangabe garen, über einem Sieb abgießen und abkühlen lassen.
- Gouda in feine Streifen schneiden. Zwiebel würfeln, Tomaten halbieren. Rucola putzen, waschen, in mundgerechte Stücke zupfen. Mit Erbsen, abgetropftem Mais, Zwiebelwürfeln, Tomatenhälften, Käse und Weizen in einer Schüssel mischen.
- Für das Dressing alle Zutaten miteinander verrühren und mit Salz und Pfeffer abschmecken. Mit den Salatzutaten vermengen und zum Schluss den Schnittlauch unterheben.

Nährwerte je Portion: 385 kcal / 1624 kJ, 19 g E, 11 g F, 51 g KH

Fruchtiger Heringssalat

35 Min

Für 4 Portionen

300 g kleine Kartoffeln
300 g iglo Prinzessbohnen
2 kleine Äpfel (à ca. 100 g)
1 Bund Frühlingszwiebeln
400 g Bismarckheringe
Salz

Dressing

4 EL Apfelessig
4 EL Rapsöl
1 TL grober Senf
1 TL Honig
1 Packung iglo Dill
Salz, Pfeffer

- Kartoffeln mit Schale in reichlich Salzwasser etwa 20 Minuten garen, abgießen, mit kaltem Wasser abschrecken, pellen und in Scheiben schneiden.
- Prinzessbohnen tiefgefroren in 125 ml kochendes Salzwasser geben, aufkochen lassen und 5 Minuten garen. Äpfel waschen, vierteln, entkernen und in Spalten schneiden. Frühlingszwiebeln putzen und in Ringe, die Heringe in mundgerechte Stücke schneiden.
- Bohnen, Apfelspalten, Frühlingszwiebeln und Heringsstücke in einer Schüssel mischen. Aus Apfelessig, Öl, Senf, Salz, Pfeffer und Honig ein Dressing anrühren. Dill untermischen und mit den Salatzutaten gut vermengen.

Nährwerte je Portion: 377 kcal / 1584 kJ, 16 g E, 21 g F, 25 g KH

Scharfer Bohnen-Mango-Salat

25 Min

Für 4 Portionen

300 g iglo Prinzessbohnen
250 g weiße Bohnen (aus der Dose)
250 g Kidney-Bohnen (aus der Dose)
1 Tomate (ca. 100 g)
1 Mango (ca. 350 g)
1 kleine rote Chilischote
100 g Fenchelknolle
30 g Cashewnüsse
1/2 Bund Koriander
Salz

Dressing
5 TL Sesamöl
2 EL Sojasauce
2 EL weißer Balsamico-Essig
15 g Honig
Salz, Pfeffer

Tiefgefrorene Prinzessbohnen in 125 ml kochendes Wasser geben, aufkochen und etwa 5 Minuten garen. Über einem Sieb abgießen, abkühlen lassen und anschließend halbieren.

Abgetropfte weiße und Kidney-Bohnen in einer Schüssel mischen. Tomate waschen, Strunk entfernen und achteln. Mango schälen, das Fruchtfleisch vom Kern schälen und in Spalten schneiden.

Chilischote halbieren, Kerne und weiße Innenhäute entfernen und in sehr feine Würfel schneiden. Fenchel putzen, Strunk heraustrennen und in feine Streifen schneiden. Cashewnüsse in einer beschichteten Pfanne ohne Fett rösten. Alle Zutaten zu den Bohnen geben und vermischen.

Aus Öl, Sojasauce, Essig und Honig ein Dressing anrühren, mit Salz und Pfeffer abschmecken und den Salat damit anmachen. Frischen Koriander grob hacken, darüber streuen und mit Roggenbrot servieren.

Nährwerte je Portion: 442 kcal / 1845 kJ, 23 g E, 11 g F, 57 g KH

Suppen

Broccoli-Käse-Suppe

25 Min

Für 2 Portionen

- 1/2 Packung iglo Zwiebel-Duo
- 1/2 Packung iglo Knoblauch-Duo
- 3 TL Rapsöl
- 300 g iglo Broccoli-Röschen
- 500 ml Gemüsebrühe
- 200 ml Milch (1,5 % Fett)
- 60 g Schmelzkäse
- etwas Speisestärke
- 2 Tomaten (ca. 150 g)
- 50 g saure Sahne
- Salz, Pfeffer, Muskat

Zwiebeln und Knoblauch im Öl anschwitzen, tiefgefrorenen Broccoli zufügen und etwa 5 Minuten mitschwitzen. Mit Brühe und Milch aufgießen und 4–5 Minuten köcheln lassen. Suppe mit einem Mixstab pürieren.

Käse unter Rühren in der Suppe schmelzen lassen. Je nach gewünschter Konsistenz mit in Wasser verrührter Stärke binden.

Tomaten häuten, vierteln und entkernen und das Fruchtfleisch in Spalten schneiden. In die Suppe geben, kurz erwärmen und mit Salz, Pfeffer und Muskat abschmecken. Zum Schluss die saure Sahne unterrühren. Die Suppe mit Baguette servieren.

Nährwerte je Portion: 341 kcal / 1430 kJ, 15 g E, 21 g F, 20 g KH

Süß-scharfes Süppchen

20 Min

Für 4 Portionen

60 g Parboiled Reis
600 ml Gemüsebrühe
100 ml Kokosmilch
400 g iglo Asia Wok-Mix
1 Packung iglo Knoblauch-Duo
200 g Mango (oder Mango aus der Dose)
1 EL brauner Zucker
1/2 TL Sambal Oelek
1 Hand voll frisches Koriandergrün
Saft von 1 Limone
Salz

- Reis mit der doppelten Menge Wasser und etwas Salz aufkochen und mit geschlossenem Deckel auf kleinster Hitze 10 Minuten quellen lassen.
- Brühe und Kokosmilch erhitzen, Asia Wok-Mix und Knoblauch tiefgefroren zufügen, aufkochen und 3 Minuten köcheln lassen.
- Mango in Würfel schneiden, mit Zucker und Sambal Oelek in die Suppe geben und weitere 2 Minuten köcheln lassen.
- Fein gehacktes Koriandergrün zugeben und mit Limonensaft abschmecken.
- Süppchen in Schalen servieren und Reis dazu reichen.

Nährwerte je Portion: 216 kcal / 904 kJ, 5 g E, 8 g F, 29 g KH

Kartoffel-Kräuter-Süppchen

30 Min

Für 2 Portionen

300 g mehlig kochende Kartoffeln
600 ml Gemüsebrühe
250 g iglo Filegro in Kräutersauce
1 Packung iglo Suppengrün
2 TL Schmand
Salz, Pfeffer

- Kartoffeln schälen, in 1 cm kleine Würfel schneiden und in der Brühe 10-12 Minuten garen.
- Fisch bei Zimmertemperatur 10 Minuten antauen lassen und mit einem Messer in breite Streifen schneiden. Mit Suppengrün in die heiße Brühe geben und bei kleinster Hitze 6–8 Minuten gar ziehen lassen. Dabei vorsichtig umrühren und mit Salz und Pfeffer abschmecken.
- Suppe in tiefen Tellern anrichten und nach Belieben mit je 1 TL Schmand servieren.

Nährwerte je Portion: 318 kcal / 1336 kJ, 21 g E, 11 g F, 32 g KH

Porree-Suppe mit Lachs

20 Min

Für 3 Portionen

1 TL Rapsöl
1/2 Packung iglo Knoblauch-Duo
400 g iglo Rahm-Porree
125 ml Weißwein
300 ml Gemüsebrühe
2 große Tomaten (ca. 200 g)
15 g Kürbiskerne
50 g Räucherlachsscheiben
1/2 Bund Schnittlauch
2 EL Pesto
Salz, Pfeffer, Zucker

Öl in einem Topf erhitzen und Knoblauch darin anschwitzen. Tiefgefrorenen Porree zugeben und mit Weißwein und Brühe aufkochen. Anschließend bei kleiner Hitze 5 Minuten köcheln lassen.

Tomaten mit kochendem Wasser überbrühen, mit kaltem Wasser abschrecken, häuten, vierteln und entkernen. Das Fruchtfleisch in Würfel schneiden, unter die Suppe mischen und nur noch kurz erhitzen. Mit Salz, Pfeffer und Zucker abschmecken.

Kürbiskerne in einer beschichteten Pfanne ohne Fett rösten. Lachs in breite Streifen schneiden. Die Suppe in tiefe Teller geben, Lachs in der Mitte anrichten und mit Kürbiskernen und Schnittlauch garnieren. Dazu Pesto reichen.

Nährwerte je Portion: 312 kcal / 1308 kJ, 11 g E, 21 g F, 11 g KH

Italienische Gemüsesuppe mit Käse-Klößchen

35 Min

Für 4 Portionen

2 TL Olivenöl
1/2 Packung iglo Knoblauch-Duo
1 EL Tomatenmark
400 g iglo Pfannen-Gemüse Italienisch
500 ml Gemüsebrühe
25 g Pinienkerne
Salz, Pfeffer

Käse-Klösschen

100 g Kartoffelknödelteig (halb und halb)
30 g Parmesan
1/2 Packung iglo Basilikum
250 ml Wasser
Salz

Öl in einem Topf erhitzen und Knoblauch darin anschwitzen. Tomatenmark zugeben und kurz mitdünsten. Tiefgefrorenes Pfannengemüse zufügen, mit Brühe auffüllen, aufkochen und 6–7 Minuten köcheln lassen. Mit Salz und Pfeffer abschmecken.

Knödelteig mit frisch geriebenem Parmesan und Basilikum mischen und mit Wasser anrühren. Mit feuchten Händen kleine Klößchen drehen und in Salzwasser gar kochen.

Pinienkerne in einer Pfanne ohne Fett goldbraun rösten. Suppe in tiefen Tellern anrichten, die Klößchen dazugeben und mit Pinienkernen bestreuen.

Nährwerte je Portion: 255 kcal / 1074 kJ, 8 g E, 13 g F, 26 g KH

Möhren-Kichererbsen-Eintopf

30 Min

Für 4 Portionen

250 g Kartoffeln
1 Packung iglo Zwiebel-Duo
4 TL Currypulver
3 TL Rapsöl
500 ml Gemüsebrühe
400 g iglo Rahm-Karotten
240 g Kichererbsen (aus der Dose)
1 Packung iglo Petersilie
15 g Mandelblättchen oder -stifte
150 g Hähnchenbrust
Salz, Pfeffer, Paprika

Kartoffeln schälen, waschen und in kleine Würfel schneiden. In einem Topf Zwiebeln mit Curry in 1 TL Öl anschwitzen. Brühe zugießen und aufkochen lassen. Kartoffeln, tiefgefrorene Karotten und abgegossene Kichererbsen in die Brühe geben und etwa 10 Minuten köcheln lassen. Petersilie einrühren.

Mandelblättchen in einer beschichteten Pfanne ohne Fett rösten und beiseite stellen.

Hähnchenbrust mit Salz, Pfeffer und Paprika würzen und im restlichen Öl braten. Das Fleisch in feine Scheiben schneiden.

Suppe in tiefe Teller geben, mit Hähnchenbrustscheiben anrichten und mit gerösteten Mandeln bestreuen.

Nährwerte je Portion: 345 kcal / 1442 kJ, 16 g E, 16 g F, 30 g KH

Bohnen-Spinat-Suppe

15 Min

Für 4 Portionen

- 1 Packung iglo Zwiebel-Duo
- 1 TL Rapsöl
- 500 ml Gemüsebrühe
- 250 g weiße Bohnen (aus der Dose)
- 300 g iglo Rahm-Spinat
- 3 Zweige Minze
- Saft von 1/2 Limette
- Salz, Pfeffer, Zucker

Zwiebeln in heißem Öl anschwitzen. Mit Brühe angießen und aufkochen lassen. Bohnen und tiefgekühlten Rahm-Spinat zugeben, aufkochen lassen und 6–8 Minuten leicht köcheln.

Minze waschen, trocknen, die Blättchen fein hacken und zugeben. Limettensaft zugießen und mit Salz, Pfeffer und einer Prise Zucker abschmecken. Zur Suppe gerösteten Toast reichen.

TIPP: Die Suppe erhält eine stärkere Bindung, wenn eine kleine rohe Kartoffel hinein gerieben wird.

Nährwerte je Portion: 199 kcal / 832 kJ, 11 g E, 5 g F, 23 g KH

Toskanische Fischsuppe

20 Min

Für 4 Portionen

- 150 ml Fischfond (aus dem Glas)
- 100 ml Tomatensaft
- 50 ml trockener Weißwein
- 380 g iglo Schlemmer-Pfanne Toscana
- 1/2 Packung iglo Italienische Kräuter
- Salz, Pfeffer, Sambal Oelek

Baguettescheiben

- 200 g Baguette
- 20 g Parmesan
- 1/2 Packung iglo Knoblauch-Duo

Fischfond, Tomatensaft und Weißwein in einen Topf gießen. Schlemmer-Pfanne tiefgefroren zugeben, einmal aufkochen lassen und 7–9 Minuten bei mittlerer Hitze garen. Kräuter unter die Suppe rühren und mit Salz, Pfeffer und Sambal Oelek abschmecken.

Baguette schräg in dünne Scheiben schneiden. Den frisch geriebenen Parmesan mit Knoblauch mischen und die Baguettescheiben damit bestreuen. Unter dem vorgeheizten Backofengrill kurz goldbraun überbacken.

Nährwerte je Portion: 258 kcal / 1081 kJ, 12 g E, 7 g F, 32 g KH

Linsentopf mit Knusperecken

25 Min

Für 4 Portionen

2 TL Olivenöl
1/2 Packung iglo Zwiebel-Duo
1 Prise Kreuzkümmel
1 Prise Koriander
750 ml Gemüsebrühe
150 g rote Linsen
300 g iglo Suppengemüse

Knusperecken

75 g Schafskäse
1 TL iglo 8 Kräuter
4 Scheiben Toastbrot

- Öl in einem Topf erhitzen und Zwiebeln darin andünsten. Mit Kreuzkümmel und Koriander bestäuben. Brühe angießen, Linsen und tiefgefrorenes Suppengemüse zugeben und je nach gewünschter Konsistenz ca. 15 Minuten köcheln lassen.
- Schafskäse zerbröseln und mit den Kräutern mischen. Toastbrot rösten, in Dreiecke teilen und mit der Käse-Kräuter-Mischung bestreichen. Unter dem vorgeheizten Backofengrill ca. 5 Minuten überbacken.

Nährwerte je Portion: 261 kcal / 1096 kJ, 11 g E, 9 g F, 39 g KH

Erbsen-Mais-Süppchen

25 Min

Für 4 Portionen

300 g Kartoffeln
750 ml Gemüsebrühe
1 Packung iglo Zwiebel-Duo
300 g iglo Junge Erbsen
150 g Mais (aus der Dose)
1 Packung iglo Petersilie
1 Hand voll frisches Basilikum
4 Wiener Würstchen (à 50 g, aus der Dose)
Salz, Pfeffer

- Kartoffeln schälen, waschen und in 1 cm große Würfel schneiden. Brühe in einem Topf aufkochen lassen, Zwiebeln und Kartoffelwürfel darin 7–8 Minuten garen.
- Tiefgefrorene Erbsen und abgetropften Mais zugeben und weitere 5 Minuten köcheln lassen. Petersilie und 3/4 des klein gezupften Basilikums zufügen. Die Suppe mit einem Pürierstab kurz pürieren, so dass sie noch etwas stückig ist. Mit Salz und Pfeffer abschmecken.
- Würstchen in Scheiben schneiden und in der Suppe erhitzen. Mit dem restlichen Basilikum bestreut servieren.

Nährwerte je Portion: 309 kcal / 1298 kJ, 14 g E, 13 g F, 31 g KH

Blumenkohl-Broccoli-Cremesuppe

30 Min

Für 4 Portionen

200 g rohe Kalbsbratwurst
1 Ei, Größe L
30 g Semmelbrösel
1 Packung iglo Petersilie
700 ml Gemüsebrühe
100 ml Weißwein

Suppe

300 g iglo Broccoli-Röschen
400 g iglo Rahm-Blumenkohl
100 ml Rama Cremefine zum Schlagen
Salz, Pfeffer, Zucker, Muskat

Wurstbrät mit Ei, Semmelbröseln und Petersilie vermischen. Brühe und Weißwein erhitzen. Mit Hilfe von zwei Teelöffeln aus der Wurstmasse kleine Nocken formen und in der Brühe 5–6 Minuten bei kleiner Hitze gar ziehen lassen. Die Nocken herausnehmen und warm stellen.

Tiefgefrorenen Broccoli in kleine Stücke schneiden, die Hälfte davon und den tiefgefrorenen Rahm-Blumenkohl in die Brühe geben, aufkochen und 5 Minuten köcheln lassen. Mit einem Mixstab pürieren. Den restlichen Broccoli in die Suppe geben und weitere 3 Minuten leicht köcheln lassen. Mit Salz, Pfeffer, Zucker und Muskat abschmecken.

Suppe in tiefen Tellern anrichten, die Nocken hineinlegen und mit einem Klecks halbsteif geschlagener Cremefine servieren.

Nährwerte je Portion: 329 kcal / 1375 kJ, 20 g E, 17 g F, 17 g KH

Nudeln, Reis & Kartoffeln

Risotto Verde

30 Min

250 g grüner Spargel
1/2 Packung iglo Zwiebel-Duo
2 TL Olivenöl
200 g Risottoreis
100 ml trockener Weißwein
750 ml Gemüsebrühe
225 g iglo Blattspinat
100 g iglo Junge Erbsen
25 g saure Sahne (10 % Fett)
50 g Parmesan
Salz, Pfeffer

Für 2 Portionen

Vom Spargel die holzigen Enden abschneiden, das untere Drittel mit einem Sparschäler schälen und in Stücke schneiden.

Zwiebeln in Öl anschwitzen, den Reis dazugeben und glasig dünsten. Mit Wein ablöschen und mit so viel heißer Brühe aufgießen, dass der Reis gerade bedeckt ist. Unter häufigem Rühren bei kleiner Hitze köcheln lassen.

Nach 5 Minuten den Spargel zufügen. Nach weiteren 5 Minuten Spinat und Erbsen tiefgefroren zugeben. 5 Minuten weiter köcheln lassen, dabei immer wieder so viel Brühe angießen, dass der Reis bedeckt ist.

Wenn der Reis gar ist und alle Brühe aufgesogen hat, saure Sahne und frisch geriebenen Parmesan untermischen, mit Salz und Pfeffer abschmecken und sofort servieren.

Nährwerte je Portion: 681 kcal / 2852 kJ, 26 g E, 17 g F, 91 g KH

Ofenkartoffeln mit fruchtiger Porree-Füllung

35 Min

Für 2–3 Portionen

4 große Kartoffeln (à ca. 150 g)
200 g Äpfel (z.B. Elstar)
400 g iglo Rahm-Porree
2 EL Butter
1 TL Zucker
1/2 EL Zitronensaft
1 Packung iglo Schnittlauch
30 g durchwachsener Speck
Salz, Pfeffer

Gewaschene Kartoffeln in Salzwasser 10 Minuten kochen, abschütten und in Alufolie wickeln. Im vorgeheizten Backofen (200 °C, Ober-/Unterhitze) 15–20 Minuten garen.

Äpfel vierteln, entkernen, schälen und in Würfel schneiden. Tiefgefrorenen Rahm-Porree bei mittlerer Hitze auftauen und dann weitere 4–5 Minuten köcheln lassen.

Apfelwürfel in Butter anschwitzen, Zucker und Zitronensaft zufügen und 3–4 Minuten dünsten. Mit Schnittlauch unter das Porreegemüse mischen und mit Salz und Pfeffer abschmecken.

Speck in Würfel schneiden und in einer beschichteten Pfanne ohne Fett knusprig rösten.

Kartoffeln auswickeln, längs einritzen und leicht aufbrechen. Die Porree-Apfel-Mischung in die Öffnung füllen und mit den Speckwürfeln bestreut servieren.

Nährwerte je Portion: 438 kcal / 1843 kJ, 8 g E, 21 g F, 50 g KH

Buttergemüse-Kartoffeln mit Kräuterfilet

25 Min

Für 3 Portionen

- 400 g Kartoffeln
- 2 EL Olivenöl
- 300 g iglo Buttergemüse
- 1 EL Bärlauchpesto (aus dem Glas)
- 300 g Rinderfilet
- 1/2 Packung iglo Kräuter der Provence
- Salz, Pfeffer, Paprika

Kartoffeln schälen und in grobe Würfel schneiden. In 1 EL heißem Öl 8–10 Minuten braten. Mit Salz, Pfeffer und Paprika würzen. Buttergemüse tiefgefroren zufügen und weitere 6 Minuten braten. Bärlauchpesto zugeben und gut vermischen. Die Hitze ausschalten.

Rinderfilet im restlichen Öl anbraten. Mit Salz und Pfeffer würzen. Kräuter zugeben und das Filet darin wälzen. Im vorgeheizten Backofen (180 °C, Ober-/Unterhitze) in etwa 8 Minuten fertig braten.

Fleisch in Scheiben schneiden und mit dem Gemüse anrichten.

Nährwerte je Portion: 487 kcal / 2041 kJ, 29 g E, 24 g F, 32 g KH

Mediterrane Kartoffel-Garnelen-Pfanne

35 Min

Für 3 Portionen

- 400 g kleine Kartoffeln
- 1 EL Olivenöl
- 400 g iglo Pfannen-Gemüse Italienisch
- 1 Sardellenfilet (in Aufguss eingelegt)
- 1 EL Kapern
- 250 g rohe Black-Tiger-Garnelen, ohne Schale
- 1/2 Packung iglo Knoblauch-Duo
- 1 EL geriebene Zitronenschale
- 100 g Mini-Mozzarellakugeln
- Salz, Pfeffer

Kartoffeln schälen, halbieren und in Salzwasser 10 Minuten garen. Abgießen, abtropfen lassen und im heißen Öl 3–4 Minuten braten. Gemüse tiefgefroren zugeben und weitere 5 Minuten braten.

Sardellenfilet und Kapern fein hacken. Zusammen mit Garnelen, Knoblauch und Zitronenschale zum Gemüse geben und in 2–3 Minuten fertig braten. Hitze ausschalten, halbierte Mozzarellakugeln untermischen und mit Salz und Pfeffer abschmecken.

Nährwerte je Portion: 388 kcal / 1628 kJ, 14 g E , 19 g F, 35 g KH

Bunte Reistarte

45 Min

Für 4 Portionen

250 g Risotto-Reis
2 Packungen iglo Zwiebel-Duo
1 EL Rapsöl
125 ml Weißwein
750 ml Brühe
2 Eier, Größe M
100 ml Milch (1,5 % Fett)
100 g Emmentaler
150 g Mais (aus der Dose)
450 g iglo Erbsen & Karotten
50 g Rucola
Salz, Pfeffer

Reis mit Zwiebeln in heißem Öl glasig anschwitzen, mit Weißwein ablöschen und einkochen lassen, bis die Flüssigkeit verdampft ist. Mit so viel heißer Brühe aufgießen, dass der Reis eben gerade bedeckt ist. Bei mittlerer Hitze köcheln lassen, dabei häufig umrühren. Wenn die Brühe aufgebraucht ist, den Reis vom Herd nehmen und etwas abkühlen lassen.

Eier und Milch verrühren und zusammen mit dem geriebenen Emmentaler unter das Risotto mischen. Mais, Erbsen und Karotten ebenfalls unterrühren. Mit Salz und Pfeffer würzen.

Den Boden einer Springform (28 cm Durchmesser) mit Backpapier auslegen und den Rand leicht einfetten. Reismischung einfüllen und im vorgeheizten Backofen (180 °C, Ober-/Unterhitze) 15–20 Minuten backen. Etwas abkühlen lassen, in Tortenstücke schneiden und mit Rucolablättern garnieren.

Nährwerte je Portion: 560 kcal / 2352 kJ, 21 g E, 17 g F, 69 g KH

Gemüsereis mit Cabanossi

25 Min

Für 3 Portionen

200 g Langkorn-Wildreismischung
1 Packung iglo Zwiebel-Duo
400 ml Gemüsebrühe
1 rote Paprikaschote (ca. 150 g)
1 Fleischtomate (ca. 150 g)
300 g iglo Broccoli-Röschen
2 EL Olivenöl
150 g Cabanossi
100 g schwarze Oliven, ohne Stein
frischer Thymian
1/2 TL Sambal Oelek, Salz, Pfeffer

Reis mit Zwiebeln in der Brühe aufkochen und mit geschlossenem Deckel bei kleinster Hitze 10 Minuten quellen lassen.

Paprika putzen, Kerne und weiße Innenhäute entfernen und in Streifen schneiden. Fleischtomate mit kochendem Wasser überbrühen, mit kaltem Wasser abschrecken, häuten und würfeln.

Tiefgefrorene, halbierte Broccoliröschen und Paprika im heißen Öl 2–3 Minuten bei mittlerer Hitze braten. Cabanossi in Scheiben schneiden und zusammen mit den Oliven und Tomatenwürfeln dazugeben. 2 Minuten braten, Reis zufügen und alles gut durchmischen. Zum Schluss mit Sambal Oelek, Salz und Pfeffer würzen und mit Thymianblättchen bestreuen.

Nährwerte je Portion: 540 kcal / 2264 kJ, 18 g E, 23 g F, 61 g KH

Gemüse-Makkaroni alla Carbonara

25 Min

Für 2 Portionen

200 g kurze Makkaroni
15 g Margarine
20 g Mehl, Type 405
300 ml Milch (1,5 % Fett)
125 ml Gemüsebrühe
100 g Champignons
2 TL Olivenöl
1 Packung iglo Zwiebel-Duo
200 g iglo Erbsen & Karotten
30 g Parmesan
30 g durchwachsener Speck, in Scheiben
Salz, grober Pfeffer

Nudeln in reichlich Salzwasser al dente kochen. Margarine in einem Topf schmelzen und mit Mehl zu einer Mehlschwitze rühren. Milch und Brühe zugießen und unter häufigem Rühren 3 Minuten köcheln lassen.

Champignons putzen und in Scheiben schneiden. In einer Pfanne Öl erhitzen und Zwiebeln darin anschwitzen. Champignons zugeben und mitbraten. Tiefgefrorene Erbsen & Karotten mit 3 EL Wasser zufügen, einmal aufkochen lassen und alles 2–3 Minuten dünsten.

Sauce zusammen mit dem frisch geriebenen Parmesan zum Gemüse geben und mit Salz und Pfeffer abschmecken.

Speck in Streifen schneiden und in einer beschichteten Pfanne ohne Fett knusprig auslassen. Nudeln in tiefen Tellern anrichten und die Gemüsemischung darüber verteilen. Mit Speckstreifen garnieren und mit viel grobem Pfeffer bestreuen.

Nährwerte je Portion: 727 kcal / 3052 kJ, 30 g E, 21 g F, 97 g KH

Spinat-Tomaten-Lasagne

40 Min

Für 2 Portionen

- 2 TL Butter
- 1/2 Packung iglo Knoblauch-Duo
- 10 g Mehl, Type 405
- 150 ml Milch (1,5 % Fett)
- 60 ml Gemüsebrühe
- 300 g Tomaten
- 1 Packung iglo Italienische Kräuter
- 200 g Lasagne-Blätter
- 300 g iglo Blattspinat Gorgonzola, aufgetaut
- 50 g Emmentaler (17 % Fett)
- Salz, Pfeffer

Butter in einem Topf schmelzen lassen, Knoblauch-Duo darin andünsten und mit Mehl 2 Minuten zu einer Mehlschwitze rühren. Mit Milch und Brühe aufgießen, dabei kräftig umrühren, und die Sauce 3 Minuten sanft köcheln lassen.

Tomaten würfeln, mit den Kräutern vermischen und mit Salz und Pfeffer würzen.

Auflaufform mit Lasagne-Blättern auslegen. Abwechselnd Tomaten, Blattspinat und Lasagne-Blätter einschichten, mit Lasagne abschließen. Die Sauce darüber gießen, mit geriebenem Käse bestreuen und im vorgeheizten Backofen (200 °C, Ober-/Unterhitze) etwa 20 Minuten backen.

Nährwerte je Portion: 713 kcal / 2980 kJ, 30 g E, 21 g F, 96 g KH

Spaghetti Vongole

15 Min

Für 2 Portionen

- 200 g Spaghetti
- 1 Packung iglo Zwiebel-Duo
- 1/2 TL iglo Knoblauch-Duo
- 2 TL Olivenöl
- 300 g iglo Rahm-Spinat
- 1 Packung iglo Suppengrün
- 100 ml Weißwein
- 100 g Miesmuscheln (aus dem Glas) oder Venusmuscheln
- 50 g Tiefseegarnelen
- Salz, Pfeffer
- Saft von 1 Zitrone

Spaghetti in reichlich Salzwasser al dente kochen.

Zwiebel- und Knoblauch-Duo in Öl anschwitzen. Rahmspinat und Suppengrün tiefgefroren dazu geben. Weißwein angießen, aufkochen und bei kleiner Hitze etwa 5 Minuten köcheln lassen.

Abgetropfte Muscheln und Garnelen untermischen und bei abgeschalteter Hitze nur kurz in der Sauce heiß werden lassen. Mit Salz, Pfeffer und Zitronensaft abschmecken. Die Nudeln auf Tellern mit der Sauce anrichten.

Nährwerte je Portion: 667 kcal / 2792 kJ, 24 g E, 17 g F, 84 g KH

Asiatische Bratnudeln

45 Min

Für 3 Portionen

100 g Tofu
5 TL dunkle Sojasauce
200 g Wok-Eiernudeln
50 g Chinakohl
150 g Champignons
6 TL Sesamöl
$^{1}/_{2}$ Packung iglo Knoblauch-Duo
450 g iglo Farmers Gemüse
4 EL Thai-Chili-Sauce
250 ml Gemüsebrühe
2 TL Stärke
Salz

- Tofu in 2 cm große Würfel schneiden und $^{1}/_{2}$ Stunde in 2 TL Sojasauce marinieren.

- Wok-Eiernudeln nach Packungsanleitung in kochendes Salzwasser geben, quellen lassen, abgießen und mit kaltem Wasser abschrecken. Chinakohl in Streifen, Champignons in Scheiben schneiden.

- Tofuwürfel im Wok in heißem Öl 3–4 Minuten knusprig braten, herausnehmen und warm stellen.

- Knoblauch-Duo kurz anbraten, tiefgefrorenes Gemüse, Chinakohl, Nudeln und Pilze zugeben und 2–3 Minuten braten. 3 TL Sojasauce, Thai-Chili-Sauce, Tofu und Brühe zugeben, alles gut durchmischen und je nach gewünschter Konsistenz mit in Wasser angerührter Stärke binden.

Nährwerte je Portion: 499 kcal / 2091 kJ, 20 g E, 17 g F, 61 g KH

Bandnudeln mit Blattspinat und Lachs

25 Min

Für 2 Portionen

200 g breite Bandnudeln (z.B. Pappardelle)
1 Fenchelknolle (ca. 200 g)
50 g Kirschtomaten
50 g Räucherlachs
1/2 Packung iglo Zwiebel-Duo
1/2 Packung iglo Knoblauch-Duo
2 TL Olivenöl
225 g iglo Blattspinat, aufgetaut
150 g saure Sahne (10 % Fett)
Salz, Pfeffer, Muskat

- Bandnudeln in reichlich Salzwasser al dente kochen.

- Fenchel putzen, den Strunk entfernen, etwas Grün beiseite legen und in kleine Würfel schneiden. Tomaten waschen und vierteln. Lachs in breite Streifen schneiden.

- Zwiebeln und Knoblauch im heißen Öl andünsten. Fenchelwürfel zugeben und 2 Minuten braten. Spinat zufügen und weitere 5 Minuten dünsten.

- Saure Sahne und Tomaten unterrühren, kurz miterhitzen, aber nicht mehr kochen. Mit Salz, Pfeffer und Muskat abschmecken.

- Nudeln auf tiefen Tellern anrichten, Gemüse und Lachs darauf verteilen und mit Fenchelgrün dekorieren.

Nährwerte je Portion: 637 kcal / 2662 kJ, 27 g E, 19 g F, 81 g KH

Bavette mit Pesto Verde

20 Min

Für 2 Portionen

- 200 g Bavette-Nudeln
- 1 Bund Bärlauch (oder 1 Packung iglo Knoblauch-Duo)
- 3 TL Olivenöl
- 15 g gehackte Mandeln
- 300 g iglo Broccoli-Röschen, aufgetaut
- 150 ml Gemüsebrühe
- 50 g Parmesan
- Saft von 1/2 Limette
- 25 g Parmaschinken
- 1 Hand voll frische Basilikumblättchen
- Salz, grober Pfeffer

Nudeln in reichlich Salzwasser al dente kochen.

Bärlauch grob zerteilen und mit Olivenöl, Mandeln und Broccoli in einer Küchenmaschine pürieren. Brühe zugießen, frisch geriebenen Parmesan untermischen und mit Limettensaft, Salz und viel grobem Pfeffer würzen.

Parmaschinken in mundgerechte Stücke teilen und in einer beschichteten Pfanne ohne Fett kurz knusprig rösten.

Nudeln mit Pesto gut durchmischen und sofort in tiefen Tellern anrichten. Mit den Parmachips und Basilikumblättchen garnieren.

Nährwerte je Portion: 692 kcal / 2904 kJ, 28 g E, 23 g F, 84 g KH

Herbstliche Spätzle

20 Min

Für 2 Portionen

- 250 g Pfifferlinge
- 20 g gewürfelter Frühstücksspeck
- 400 g iglo Rahm-Porree
- 500 g frische Spätzle
- Salz, Pfeffer

Pfifferlinge mit einem Pinsel säubern. In einer Pfanne den Speck knusprig anbraten, Pfifferlinge zugeben und 2 Minuten weiter braten.

Tiefgefrorenen Porree zugeben und bei mittlerer Hitze etwa 12 Minuten bei geschlossener Pfanne garen und einmal aufkochen lassen. Dabei mehrmals umrühren. Zum Schluss mit Salz und Pfeffer abschmecken.

Spätzle nach Packungsanweisung kochen und zusammen mit dem Gemüse servieren.

Nährwerte je Portion: 653 kcal / 2757 kJ, 19 g E, 23 g F, 91 g KH

Gemüse

Spargel mit „Grüner Sauce“

40 Min

Für 3 Portionen

- 1 kg Spargel
- 1 TL Salz
- 4 TL Zucker
- 500 g neue Kartoffeln
- 1/2 TL Kümmel
- 300 g iglo Rahm-Spinat
- 1 Packung iglo Petersilie
- 4 TL Butter
- 1 hart gekochtes Ei, Größe M
- 150 g Katenschinken
- Salz, Pfeffer

Spargel waschen und schälen, holzige Enden abschneiden. Die Spargelschalen und Endstücke mit Wasser, Salz und Zucker einmal aufkochen, vom Herd nehmen und 10 Minuten ziehen lassen. Spargelfond abgießen und auffangen und den Spargel etwa 10 Minuten darin gar kochen.

Kartoffeln mit einer Bürste gründlich waschen und in reichlich Salzwasser mit Kümmel 15–20 Minuten gar kochen.

Tiefgefrorenen Spinat in einem Topf bei mittlerer Hitze auftauen, aufkochen lassen und weitere 4–5 Minuten bei kleiner Hitze dünsten. 4–5 EL Spargelfond und die Petersilie unterrühren.

Butter in einer kleinen Pfanne zerlassen und ein wenig salzen. Das hart gekochte Ei in kleine Würfel hacken.

Den abgetropften Spargel mit den Kartoffeln auf Tellern anrichten. Spinat über den Spargel geben und das gehackte Ei darüber streuen. Kartoffeln mit der zerlassenen Butter beträufeln und den Schinken dazu servieren.

Nährwerte je Portion: 461 kcal / 1936 kJ, 24 g E, 21 g F, 39 g KH

Farmersrösti mit Lachs

25 Min

Für 3 Portionen

600 g gekochte Kartoffeln
1/2 Packung iglo Zwiebel-Duo
1 EL Rapsöl
450 g iglo Farmers Gemüse
20 g Sonnenblumenkerne
100 g geräucherter Wildlachs, in Scheiben
2 Zweige Kerbel
Salz, Pfeffer, Muskat

Meerrettich-Dip
1 Apfel (z.B. Elstar, ca. 100 g)
50 g Meerrettich (aus dem Glas)
150 g Joghurt (1,5 % Fett)
20 g Honig

- Abgekühlte Kartoffeln auf einer Haushaltsreibe grob reiben und mit Zwiebeln mischen. Mit je einer Prise Salz, Pfeffer und Muskat würzen.

- Kartoffelmasse in einer beschichteten Pfanne in heißem Öl zu drei Röstis braten, dabei mit einer Palette die Masse festdrücken und mit Hilfe eines Deckels einmal wenden.

- Tiefgefrorenes Farmersgemüse in 125 ml kochendes Wasser geben, im geschlossenen Topf aufkochen und 2–3 Minuten dünsten. Dabei mehrmals umrühren.

- Sonnenblumenkerne in einer Pfanne ohne Fett goldbraun rösten.

- Für den Dip Apfel schälen, fein würfeln und mit Meerrettich, Joghurt und Honig gut verrühren.

- Röstis auf Teller geben und mit Wildlachs, Meerrettich-Dip, Kerbelblättchen und Sonnenblumenkernen anrichten. Das Farmersgemüse und den restlichen Dip dazu servieren.

Nährwerte je Portion: 481 kcal / 2019 kJ, 21 g E, 17 g F, 55 g KH

Gefüllte Paprika

40 Min

Für 2 Portionen

100 g Parboiled Reis
4 gelbe Paprikaschoten (à ca. 150 g)
100 g Champignons
1/2 Packung iglo Knoblauch-Duo
1 EL Rapsöl
225 g iglo Junger Spinat
100 g gekochter Schinken
Salz, Pfeffer, 1 TL Currypulver

Tomatensauce

200 g passierte Tomaten (Tetrapack)
1 Packung iglo Italienische Kräuter
1 EL Zucker
150 ml Gemüsebrühe

Reis in Salzwasser 10 Minuten garen und abgießen.

Paprikaschoten waschen, Deckel abtrennen und weiße Innenhäute und Kerne entfernen. Champignons säubern und in dünne Scheiben schneiden.

Knoblauch in Öl anschwitzen, tiefgefrorenen Spinat zufügen, aufkochen und 4 Minuten dünsten lassen. Champignons zugeben und weitere 2 Minuten garen. Zum Schluss Reis und gewürfelten Schinken untermischen und mit Salz, Pfeffer und Curry würzen. Die Masse in die Paprikaschoten füllen.

Für die Sauce Tomaten, Kräuter, Zucker und Brühe verrühren und in eine Auflaufform gießen.

Die gefüllten Paprikaschoten mit Deckel auf die Tomatensauce setzen und im vorgeheizten Backofen (180 °C, Ober-/Unterhitze) etwa 20 Minuten garen.

Nährwerte je Portion: 554 kcal / 2323 kJ, 26 g E, 18 g F, 67 g KH

Überbackene Kartoffelpuffer

50 Min

Für 4 Portionen

500 g mehlig kochende Kartoffeln
2 Eier, Größe M
1 Packung iglo Schnittlauch
2 EL Rapsöl
400 g iglo Rahm-Blumenkohl
50 g geräucherter Putenbrustaufschnitt
70 g Käseraspel (17 % Fett)
Salz, Pfeffer, Muskat

- Kartoffeln schälen, waschen, grob reiben und in einem Sieb abtropfen lassen. Flüssigkeit in einer Schüssel auffangen und 15 Minuten ruhig stehen lassen.
- Kartoffelwasser vorsichtig abgießen und die Stärke, die sich abgesetzt hat, mit den Eiern verrühren. Die geriebenen Kartoffeln und Schnittlauch zugeben und mit Salz, Pfeffer und Muskat würzen. Im heißen Öl in einer beschichteten Pfanne 6–8 Puffer backen, auf Küchenkrepp abtropfen lassen.
- Tiefgefrorenen Blumenkohl mit 125 ml Wasser 4–5 Minuten bei mittlerer Hitze einmal aufkochen lassen und vom Herd nehmen.
- Putenbrust in breite Streifen schneiden, unter das Gemüse mischen und auf den Puffern verteilen. Mit Käse bestreuen und im vorgeheizten Backofen (180 °C, Ober-/Unterhitze) 5–8 Minuten überbacken.

Nährwerte je Portion: 343 kcal / 1429 kJ, 13 g E, 18 g F, 27 g KH

Gebackener Ziegenkäse auf Bohnengemüse

20 Min

Für 3 Portionen

1/2 Packung iglo Zwiebel-Duo
2 TL Olivenöl
300 g iglo Prinzessbohnen
100 ml Gemüsebrühe
100 g Kirschtomaten
6 Ziegen-Frischkäsetaler (à 25 g)
2 Zweige Thymian

Knoblauchsauce
150 g Naturjoghurt (1,5 % Fett)
1/2 Packung iglo Knoblauch-Duo
30 g Ajvar (türkische Paprikapaste)
Salz, Pfeffer

- Zwiebel-Duo im heißen Öl anschwitzen, tiefgefrorene Prinzessbohnen zugeben, Brühe angießen, aufkochen und 2 Minuten köcheln lassen. Tomaten waschen, halbieren, zugeben und weitere 2–3 Minuten sanft köcheln lassen.
- Ziegenkäsetaler auf ein mit Backpapier ausgelegtes Blech legen, mit abgezupften Thymianblättchen bestreuen und im vorgeheizten Backofen bei starker Oberhitze oder unter dem Grill 2–3 Minuten gratinieren.
- Für die Sauce Joghurt mit Knoblauch und Ajvar verrühren und mit Salz und Pfeffer abschmecken.
- Das Gemüse auf flachen Tellern verteilen, die Frischkäsetaler darauf anrichten und mit der Sauce servieren. Dazu passt Fladenbrot.

Nährwerte je Portion: 245 kcal / 1027 kJ, 15 g E, 15 g F, 11 g KH

Spinat auf orientalische Art

20 Min

Für 2 Portionen

- 2 Orangen
- 200 ml Gemüsebrühe
- 160 g Couscous
- 1/2 Packung iglo Zwiebel-Duo
- 1 TL iglo Knoblauch-Duo
- 2 TL Olivenöl
- 10 g Rosinen
- 1/2 TL Zimt
- 2 TL Currypulver
- 300 g iglo Blattspinat
- 2 TL Honig
- 150 g Joghurt (3,5 % Fett)
- Salz, Pfeffer

Orangen so schälen, dass die weiße Innenhaut mit entfernt wird. Filets zwischen den Trennwänden herausschneiden, dabei den Saft auffangen.

Gemüsebrühe aufkochen, Couscous hinzufügen und nach Packungsanleitung quellen lassen.

Zwiebel- und Knoblauch-Duo im heißen Öl glasig schwitzen. Rosinen, Zimt und Curry zufügen und kurz mit braten. Den tiefgefrorenen Blattspinat und 100 ml Wasser zugeben, zugedeckt etwa 15 Minuten erwärmen und kurz aufkochen lassen. Dabei mehrmals umrühren. Mit Salz und Pfeffer würzen und vom Herd nehmen. Honig, Joghurt und aufgefangenen Orangensaft untermischen.

Orangenfilets auf dem Couscous anrichten und zusammen mit dem Spinat servieren.

Nährwerte je Portion: 271 kcal / 1127 kJ, 11 g E, 11 g F, 28 g KH

Syrisches Gemüse mit Dip

30 Min

Für 6 Portionen

Kartoffel-Gemüse

300 g kleine neue Kartoffeln
1 Packung iglo Broccoli-Röschen
2 EL Sesamöl
20 g Sesam
Salz, Pfeffer, Koriander, Cumin

Erbsen-Karotten-Gemüse

450 g iglo Erbsen & Karotten
1/2 Packung iglo Knoblauch-Duo
2 EL Olivenöl
1 EL Honig
Saft von 1/2 Zitrone
1 Zweig Minze
Salz, Pfeffer

Kichererbsen-Dip

265 g Kichererbsen (aus der Dose)
2 EL Tahin (Sesampaste)
Saft von 1/2 Zitrone
1/2 Packung iglo Knoblauch-Duo
ca. 20 ml Gemüsebrühe
(je nach Konsistenz)
Salz, Pfeffer, Cumin, Koriander,
Paprikapulver, mild

Kartoffeln gründlich abbürsten, halbieren, in Salzwasser 10 Minuten kochen und abgießen. Tiefgefrorenen Broccoli und Kartoffeln im heißen Öl 4–5 Minuten braten. Mit Salz, Pfeffer, Koriander und Cumin würzen und Sesam untermischen.

Erbsen und Karotten mit dem Knoblauch in heißem Olivenöl 4–5 Minuten braten. Honig und Zitronensaft zufügen und 2 Minuten köcheln lassen. Mit Salz und Pfeffer würzen. Zum Schluss abgezupfte Minzeblättchen untermischen.

Die Kichererbsen abgießen und mit Tahin, Zitronensaft und Knoblauch pürieren und mit Salz, Pfeffer, Cumin und Koriander würzen. Wenn der Dip zu trocken ist, etwas Brühe zufügen. Zum Schluss den Dip mit Paprika bestäuben.

Die Gemüse in Schälchen anrichten und Kichererbsen-Dip dazu servieren.

Nährwerte je Portion: 283 kcal / 1189 kJ, 8 g E, 14 g F, 29 g KH

Crespelle mit Champignon-Spinat-Füllung

45 Min

Für 4 Portionen

Crespelle

150 g Mehl, Type 1050
50 g Mehl, Type 405
100 ml Milch (1,5 % Fett)
350 ml Wasser
1 Ei, Größe L
Salz

Füllung

1/2 rote Paprikaschote (ca. 100 g)
150 g Champignons
4 TL Olivenöl
1/2 Packung iglo Knoblauch-Duo
225 g iglo Blattspinat
100 g Emmentaler
Salz, Pfeffer

- Beide Mehlsorten in eine Schüssel geben, mit einer Prise Salz vermischen und mit Milch, Wasser und Ei glatt rühren.

- Paprika putzen, entkernen, weiße Innenhäute entfernen und würfeln. Champignons putzen und in Scheiben schneiden.

- 2 TL Öl in einer beschichteten Pfanne erhitzen, Knoblauch darin anschwitzen, tiefgefrorenen Spinat zufügen und einmal aufkochen lassen. Paprika zugeben und mitgaren, nach weiteren 4 Minuten die Champignons in die Pfanne geben und weitere 2 Minuten dünsten, dann die Hälfte des geriebenen Emmentalers unterheben und mit Salz und Pfeffer würzen.

- Restliches Öl in einer beschichteten Pfanne erhitzen und aus dem Teig 8 dünne Pfannkuchen backen.

- Gemüse auf die Pfannkuchen verteilen, aufrollen und in eine Gratinform legen. Mit dem restlichen Emmentaler bestreuen und im vorgeheizten Backofen (200 °C, Ober-/Unterhitze) 6–8 Minuten überbacken.

Nährwerte je Portion: 392 kcal / 1642 kJ, 19 g E, 16 g F, 39 g KH

Chinesische Reispapier-Röllchen

20 Min

10 große, runde Reisblätter (ø 22 cm)
400 g iglo Pfannen-Gemüse Chinesisch
100 g Ananas (aus der Dose)
10 Salatblätter
100 g asiatische süß-scharfe Sauce

Für 10 Röllchen

- Reisblätter kurz unter Wasser halten und anschließend einzeln zwischen nassen Küchenhandtüchern oder Haushaltspapier einweichen.

- Tiefgefrorenes Pfannengemüse in einer beschichteten Pfanne bei starker Hitze ca. 4 Minuten braten. Bei mittlerer Hitze 4–6 Minuten weiterbraten, dabei mehrmals umrühren. Ananas in Stücke schneiden und untermischen.

- Salatblätter waschen und dicke Strünke heraustrennen. Jeweils ein Salatblatt auf ein Reisblatt legen, etwas Pfannengemüse darauf geben, seitlich einklappen und zu einem Röllchen aufrollen.

- Die Reispapier-Röllchen mit der süß-scharfen Sauce servieren.

TIPP: Besonders lecker und exotisch wird's mit frischem Koriander und Thaibasilikum – gibt's wie die Reisblätter im Asialaden.

Nährwerte je Röllchen: 285 kcal / 1193 kJ, 7 g E, 9 g F, 42 g KH

Gefüllte Auberginenröllchen

45 Min

Für 2 Portionen

1 Aubergine (ca. 300 g)
1 Zweig Rosmarin
4 TL Olivenöl
100 g Beefsteakhack
225 g iglo Blattspinat
50 g Fetakäse
1 Dose gehackte Pizzatomaten (400 g)
1/2 Packung iglo Italienische Kräuter
1 Packung iglo Zwiebel-Duo
10 g Zucker
Salz, Pfeffer

Aubergine waschen, putzen und mit der Brotmaschine längs in dünne Scheiben schneiden. Rosmarin waschen, trocknen, die Nadeln vom Stiel zupfen und halbieren. Einen Teil zum Anrichten beiseite legen.

Auberginenscheiben mit dem Rosmarin in 2 TL heißem Öl auf jeder Seite etwa 1 Minute braten. Mit Salz und Pfeffer würzen, herausnehmen und auf Küchenkrepp abtropfen lassen.

Hackfleisch im restlichen Olivenöl krümelig braten, tiefgefrorenen Spinat zufügen, aufkochen lassen und etwa 5 Minuten dünsten. Fetakäse in Würfel schneiden, unter die Hack-Spinat-Mischung heben und mit Salz und Pfeffer würzen. Auberginenscheiben damit bestreichen und zu Röllchen aufrollen.

Tomaten mit Kräutern und Zwiebeln vermischen und mit Zucker, Salz und Pfeffer kräftig würzen. Die Hälfte der Tomatensauce in eine Gratinform füllen, die Auberginenröllchen darauf setzen und mit der restlichen Sauce begießen.

Im vorgeheizten Backofen (200 °C, Ober-/Unterhitze) 15–20 Minuten backen.

Vor dem Servieren mit dem restlichen Rosmarin garnieren.

Nährwerte je Portion: 393 kcal / 1640 kJ, 23 g E, 24 g F, 17 g KH

Erbsen-Guacamole mit Spicy Kartoffel-Wedges

40 Min

Für 4 Portionen

GUACAMOLE

- 200 g iglo Junge Erbsen
- 1/8 l Gemüsebrühe
- 1 kleine reife Avocado
- 1 Packung Guacamole-Würzmischung
- 100 g Schmand
- 2 Zweige Kerbel
- Salz, Pfeffer, Zitronensaft, Paprika

KARTOFFEL-WEDGES

- 500 g kleine Kartoffeln
- 2 EL Rapsöl
- 1 kleine rote Chilischote
- 1/2 Packung iglo Knoblauch-Duo
- je 1/2 TL Cumin, Koriander, Paprika
- Salz

Tiefgefrorene Erbsen in die kochende Brühe geben, 5 Minuten dünsten und etwas abkühlen lassen.

Avocado halbieren, Kern und Schale entfernen und zusammen mit den Erbsen pürieren. Guacamole-Würzmischung und Schmand unterrühren und mit Salz, Pfeffer und Zitronensaft abschmecken. Mit Paprika bestäuben und mit abgezupften Kerbelblättchen anrichten.

Kartoffeln gründlich waschen, abbürsten, achteln und im heißen Öl in einer beschichteten Pfanne 12–15 Minuten goldbraun braten. Mit Salz würzen.

Chilischote halbieren, entkernen, fein schneiden und zusammen mit Knoblauch und den Gewürzen vor Ende der Garzeit zu den Kartoffeln geben. Guacamole zu den Kartoffel-Wedges servieren.

Nährwerte je Portion: 364 kcal / 1527 kJ, 8 g E, 20 g F, 34 g KH

Gefüllte Kohlrabi

60 Min

Für 2 Portionen

2 Kohlrabi (à ca. 300 g)
125 ml Gemüsebrühe
200 ml Milch (1,5 % Fett)
1 TL Margarine
Salz, Pfeffer, Muskat

Füllung

50 g Sahnequark
10 g iglo 8 Kräuter
25 ml Milch (1,5 % Fett)
15 g Grieß
1 Ei, Größe S
75 g iglo Junge Erbsen
30 g Edamer (45 % Fett)
Salz, Pfeffer

- Kohlrabi schälen und quer halbieren. Hälften aushöhlen (z.B. mit einem Melonenausstecher), so dass ein 1 cm dicker Rand bleibt. Das Innere der Kohlrabi klein hacken. Die Hälften in kochendes Salzwasser geben, 3–4 Min garen und herausnehmen.

- Für die Füllung den Quark mit Kräutern, Milch, Grieß und Ei gut verrühren und mit Salz und Pfeffer würzen. Tiefgefrorene Erbsen untermischen und die Masse in die Kohlrabihälften füllen. Mit geriebenem Edamer bestreuen.

- Den klein gehackten Kohlrabi in einer eingefetteten Auflaufform verteilen. Brühe angießen und die gefüllten Kohlrabi darauf setzen. Im vorgeheizten Backofen (200 °C, Ober-/Unterhitze) etwa 40 Minuten garen.

- Kohlrabi aus der Form nehmen. Brühe in einen Topf füllen, Milch und Margarine zufügen, einmal aufkochen und mit einem Mixer pürieren. Mit Salz, Pfeffer und Muskat abschmecken.

- Die Kohlrabihälften mit der Sauce anrichten. Dazu Reis servieren.

Nährwerte je Portion: 338 kcal / 1419 kJ, 21 g E, 15 g F, 27 g KH

Italienische Gemüsepfanne

30 Min

Für 3 Portionen

- 200 g Nudeln (z.B. Penne)
- 150 g Champignons
- 200 g Tomaten
- 3 TL Olivenöl
- 1/2 Packung iglo Zwiebel-Duo
- 100 g iglo Prinzessbohnen
- 300 g iglo Rahm-Blattspinat
- 3 TL Balsamico-Essig
- 1 EL Pinienkerne
- 1/2 Packung iglo Italienische Kräuter
- 30 g Parmesan
- Salz, Pfeffer

Nudeln nach Packungsanleitung garen. Champignons putzen und vierteln. Tomaten mit kochendem Wasser überbrühen, häuten, entkernen und achteln.

Öl in einer beschichteten Pfanne erhitzen und die Zwiebeln darin andünsten. Tiefgefrorene Prinzessbohnen und tiefgefrorenen Spinat zugeben und kurz aufkochen lassen. Champignons und Tomatenachtel zugeben, Essig einrühren und alles 6–8 Minuten dünsten.

Pinienkerne in einer Pfanne ohne Fett anrösten und zusammen mit den Kräutern unter das Gemüse rühren. Mit Salz und Pfeffer abschmecken.

Nudeln mit dem Gemüse mischen und mit frisch geriebenem Parmesan bestreuen.

Nährwerte je Portion: 457 kcal / 1017 kJ, 18 g E, 15 g F, 57 g KH

Gemüse-Frittata

25 Min

Für 4 Portionen

- 400 g iglo Pfannen-Gemüse Bauern-Art
- 5 Eier, Größe M
- 5 EL fettarme Milch (1,5 % Fett)
- 1 Packung iglo 8 Kräuter
- Salz, Pfeffer

Gemüse tiefgefroren in einer beschichteten Pfanne 4–6 Minuten braten. Dabei mehrmals umrühren.

Eier mit Milch, Kräutern, Salz und Pfeffer gut verquirlen, über das Gemüse gießen und bei mittlerer Hitze und geschlossenem Deckel 10–12 Minuten stocken lassen.

Vorsichtig aus der Pfanne gleiten lassen, in Tortenstücke schneiden und noch warm servieren.

Nährwerte je Portion: 246 kcal / 1026 kJ, 13 g E, 15 g F, 12 g KH

Crêpes mit grünem Gemüse

30 Min

Für 3 Portionen

Crêpes
- 80 g Mehl, Type 1050
- 40 g Mehl, Type 405
- 30 g Leinsamenschrot
- 200 ml Wasser
- 100 ml Milch (1,5 % Fett)
- 1 Ei, Größe L
- 3 TL Rapsöl
- Salz

Gemüse
- 300 g grüner Spargel
- 100 g iglo Rahm-Porree
- 200 g iglo Junge Erbsen
- 1 TL Honig
- 3 TL Sahne
- 1/2 Packung iglo Petersilie
- Salz, Pfeffer, Muskat

Beide Mehlsorten, Leinsamenschrot und eine Prise Salz in einer Schüssel mischen. Mit Wasser, Milch und Ei zu einem glatten Teig rühren.

In einer beschichteten Pfanne 3 dünne Crêpes im Öl ausbacken und warm stellen.

Vom Spargel die holzigen Enden entfernen, das untere Drittel mit einem Sparschäler schälen und in mundgerechte Stücke schneiden.

Tiefgefrorenen Rahm-Porree in einem Topf erwärmen und kurz aufkochen lassen. Tiefgefrorene Erbsen und den Spargel zufügen und 5 Minuten köcheln lassen. Honig und Sahne einrühren, mit Salz, Pfeffer und Muskat abschmecken und die Petersilie unterheben.

Crêpes zweimal zusammenfalten und mit Gemüse füllen.

Nährwerte je Portion: 400 kcal / 1679 kJ, 16 g E, 13 g F, 45 g KH

Exotische Kichererbsen-Spinat-Pfanne

25 Min

Für 4 Portionen

Spinat-Pfanne

- 2 Packungen iglo Zwiebel-Duo
- $^1/_2$ Packung iglo Knoblauch-Duo
- 3 TL Sesamöl
- 2 TL Currypulver
- 265 g Kichererbsen (aus der Dose)
- 225 g iglo Blattspinat
- 150 ml Gemüsebrühe
- 6-8 Cocktailtomaten (ca. 75 g)
- 100 g Frischkäse (20 % Fett)
- Salz, Pfeffer, Sojasauce

Mandel-Rosinen-Reis

- 120 g Basmatireis
- 25 g Rosinen
- 20 g Mandelstifte oder -blätter
- Salz

In einer Pfanne Zwiebel- und Knoblauch-Duo in Öl glasig schwitzen. Mit Currypulver bestäuben und kurz mitdünsten. Kichererbsen abgießen, abtropfen lassen und mit dem tiefgefrorenen Spinat dazugeben. Brühe zugießen und etwa 8 Minuten köcheln lassen.

In der Zwischenzeit Cocktailtomaten waschen und halbieren, mit dem Frischkäse unter das Gemüse heben und 2 Minuten dünsten. Nach Belieben mit Salz, Pfeffer, Curry und Sojasauce abschmecken.

Basmatireis in einen Topf geben, mit etwa 200 ml gesalzenem Wasser aufgießen und aufkochen lassen. Sobald der Reis kocht, Hitze auf kleinste Stufe schalten und mit geschlossenem Deckel etwa 10 Minuten quellen lassen. Rosinen unterrühren und kurz mitgaren.

Mandelstifte oder –blätter in einer beschichteten Pfanne ohne Öl kurz rösten und unter den Reis mischen.

Nährwerte je Portion: 329 kcal / 1377 kJ, 13 g E, 10 g F , 43 g KH

Frühlingsrollen

40 Min

Für 8 Stück

200 g Beefsteakhack
2 TL Sesamöl
1 TL Sambal Oelek
400 g iglo Pfannen-Gemüse Chinesisch
$^1/_4$ Chinakohl (ca. 200 g)
100 g Champignons
16 Teigplatten für Frühlingsrollen (30 x 30 cm; aus dem Asia-Shop)
1 Eiweiß
Sojasauce
süß-scharfe Chilisauce
Salz

- Hackfleisch in einer beschichteten Pfanne in 1 TL heißem Öl krümelig braten, mit Salz und Sambal Oelek würzen und herausnehmen. Im Bratensatz das tiefgefrorene Pfannengemüse bei starker Hitze 4–5 Minuten braten, mit dem Hack mischen und beiseite stellen.
- Chinakohl und Pilze putzen, in feine Streifen schneiden und unter die Gemüsemischung geben.
- Für jede Frühlingsrolle 2 Teigplatten an den Rändern mit Eiweiß bepinseln und aufeinander legen. Am Rand der Teigplatten etwas Gemüsemischung verteilen, einmal rollen, die seitlichen Ränder einklappen und ganz aufrollen.
- Mit der Naht nach unten im restlichen Öl anbraten und dann von allen Seiten goldbraun braten. Mit Sojasauce und süß-scharfer Chilisauce servieren.

Nährwerte je Stück: 233 kcal / 972 kJ, 11 g E, 7 g F, 30 g KH

Indisches Blumenkohl-Puten-Curry

30 Min

Für 3 Portionen

2-3 Tomaten (ca. 100 g)
300 g Kartoffeln
2 TL Sesamöl
1 Packung iglo Zwiebel-Duo
1-2 TL milde indische Currypaste (aus dem Glas)
400 ml Brühe
400 g iglo Rahm-Blumenkohl
100 ml Rama Cremefine zum Kochen
300 g Putenbrustfilet
etwas Petersilie
Salz, Pfeffer

- Tomaten mit heißem Wasser überbrühen, häuten und in Würfel schneiden. Kartoffeln schälen, würfeln und in 1 TL Öl anschwitzen. Zwiebeln und Currypaste zufügen, kurz mitschwitzen lassen und mit Brühe aufgießen. Etwa 8 Minuten köcheln lassen.
- Tiefgefrorenen Blumenkohl und Tomaten zufügen, aufkochen und weitere 5–6 Minuten köcheln lassen. Zum Schluss Cremefine zufügen und mit Salz und Pfeffer abschmecken.
- Putenbrustfleisch würfeln und im restlichen Öl von allen Seiten knusprig braten. Mit Salz und Pfeffer würzen und zum Gemüse geben.
- Mit gewaschener, frisch gehackter Petersilie bestreuen. Dazu passt Fladenbrot.

Nährwerte je Portion: 453 kcal / 1887 kJ, 33 g E, 21 g F, 29 g KH

Pfannkuchen mit Gemüse-Hackfleisch-Füllung

35 Min

Für 3 Portionen

Pfannkuchen

- 200 g Weizen-Vollkornmehl
- 30 g zarte Haferflocken
- 20 g gemahlene Haselnüsse
- 3 g Jodsalz
- 1 Ei, Größe M
- 150 ml Milch (1,5 % Fett)
- 150 ml Wasser

Füllung

- 100 g Frühlingszwiebeln
- 100 g rote Paprika
- 150 g Beefsteakhack
- 2 TL Rapsöl
- 1/2 Packung iglo Knoblauch-Duo
- 225 g iglo Blattspinat
- Salz, Pfeffer, Muskat

Mehl, Haferflocken, Haselnüsse und Salz in einer Schüssel mischen. Mit Ei, Milch und Wasser zu einem glatten Pfannkuchenteig rühren und kurz ruhen lassen.

Frühlingszwiebeln putzen und in Ringe schneiden. Paprika waschen, halbieren, entkernen, die weiße Innenhaut entfernen und in Streifen schneiden. Beefsteakhack in einer beschichteten Pfanne in 1 TL Öl 2–3 Minuten krümelig anbraten. Knoblauch dazugeben und kurz mitbraten. Hackfleisch aus der Pfanne nehmen.

Im Bratfett Paprika und Frühlingszwiebeln anschwitzen, Spinat tiefgefroren zugeben, aufkochen und 7–8 Minuten dünsten. Hack untermischen und mit Salz, Pfeffer und Muskat abschmecken.

Mit dem restlichen Öl in einer beschichteten Pfanne 3 dünne Pfannkuchen backen. Die Gemüse-Hackfleisch-Füllung auf einer Hälfte der Pfannkuchen verteilen, zusammenklappen und servieren.

Nährwerte je Portion: 486 kcal / 2059 kJ, 27 g E, 16 g F, 54 g KH

Spinat-Mini-Pancakes mit Gemüsefüllung

30 Min

Für 3 Portionen

Pancakes

150 g Mehl, Type 405
1 1/2 TL Backpulver
250 ml Milch (1,5 % Fett)
1 Ei, Größe M
150 g iglo Junger Spinat Minis, aufgetaut
1 EL Rapsöl
Salz, Pfeffer

Gemüse

100 g Frühlingszwiebeln
400 g iglo Rahm-Königsgemüse
100 g iglo Erbsen
200 g Joghurt (1,5 % Fett)
1 EL Zitronensaft
1/2 Bund glatte Petersilie
Salz, Pfeffer

Mehl mit Backpulver vermischen und die Milch zugießen. Mit dem Handrührgerät glatt rühren. Ei und aufgetauten Spinat unterrühren und mit Salz und Pfeffer würzen.

In einer beschichteten Pfanne das Öl erhitzen und darin nacheinander 6 kleine dicke oder 3 große dünne Pfannkuchen ausbacken.

Frühlingszwiebeln putzen, waschen und in Ringe schneiden. Mit tiefgefrorenem Königsgemüse und 4–5 EL Wasser aufkochen lassen, 3 Minuten dünsten, Erbsen tiefgefroren zugeben und weitere 2 Minuten garen. Mit Salz und Pfeffer würzen. Joghurt und Zitronensaft zufügen, einmal kurz erhitzen und die gehackte Petersilie unterrühren.

Jeweils einen Pfannkuchen auf einen Teller legen, etwas Gemüse darauf verteilen und mit einem zweiten Pfannkuchen bedecken. Große Pfannkuchen nur zur Hälfte mit Gemüse füllen und die andere Hälfte darüber klappen.

Nährwerte je Portion: 553 kcal / 2310 kJ, 21 g E, 23 g F, 61 g KH

Aufläufe, Quiches & Pizzen

Wirsing-Gratin mit Kartoffel-Haselnuss-Kruste

45 Min

Für 3 Portionen

500 g Kartoffeln
150 ml Milch (1,5 % Fett)
400 g iglo Rahm-Wirsing
50 g Kasseleraufschnitt
2 süß-säuerliche Äpfel (ca. 200 g, z.B. Elstar)
1 Packung iglo Zwiebel-Duo
2 TL Rapsöl
2 TL Zucker
30 g Haselnüsse, gehobelt
Salz, Pfeffer, Muskat

Kartoffeln waschen, schälen, in Salzwasser gar kochen, abgießen und mit einem Stampfer zerdrücken. Die erhitzte Milch dazugießen und zu einem Püree verrühren. Mit Salz, Pfeffer und Muskat abschmecken.

Tiefgefrorenen Rahm-Wirsing in einem Topf bei mittlerer Hitze auftauen und kurz aufkochen lassen. Kasseler in Streifen schneiden und untermischen.

Äpfel waschen, vierteln, entkernen und in Spalten teilen. Zwiebel-Duo in Öl anschwitzen, Zucker einrühren und schmelzen lassen. Apfelspalten zugeben und kurz anschwitzen.

Wirsing in drei kleine Auflaufformen füllen. Kartoffelpüree darüber verteilen und mit der Apfel-Zwiebel-Mischung bedecken. Mit Haselnüssen bestreuen und im vorgeheizten Backofen (180 °C, Ober-/Unterhitze) 15–20 Minuten backen.

Nährwerte je Portion: 432 kcal / 1813 kJ, 13 g E, 18 g F, 51 g KH

Italienischer Nudel-Auflauf

30 Min

Für 3 Portionen

150 g Nudeln (z.B. Penne)
2 TL Margarine
20 g Mehl, Type 405
200 ml Milch (1,5 % Fett)
150 ml Gemüsebrühe
15 g durchwachsener Speck
400 g iglo Pfannen-Gemüse Italienisch
$^{1}/_{2}$ Packung iglo Knoblauch-Duo
50 g Parmesan
Salz

Nudeln in reichlich Salzwasser al dente kochen, abgießen und mit kaltem Wasser abschrecken.

Für die Bechamelsauce Margarine in einem Topf schmelzen lassen, Mehl zugeben und etwa 1 Minute bei mittlerer Hitze und unter ständigem Rühren anschwitzen. Milch und Brühe kräftig unterrühren, damit es keine Klumpen gibt. Bei kleiner Hitze 3–4 Minuten köcheln lassen, dabei immer wieder umrühren.

Klein geschnittenen Speck in einer beschichteten Pfanne auslassen, tiefgefrorenes Gemüse zugeben und bei kleiner Hitze 3–4 Minuten braten. Nudeln untermischen und alles in eine Auflaufform füllen. Bechamelsauce darüber gießen. Knoblauch und frisch geriebenen Parmesan mischen und über dem Auflauf verteilen. Im vorgeheizten Backofen (180 °C, Ober-/Unterhitze) 12–15 Minuten überbacken.

Nährwerte je Portion: 454 kcal / 1906 kJ, 17 g E, 18 g F, 52 g KH

Rahmwirsing mit Kartoffelhaube

55 Min

Für 3 Portionen

500 g Kartoffeln
200 ml Milch (1,5 % Fett)
300 g mageres Kasseler
1 EL Rapsöl
400 g iglo Rahm-Wirsing
1 Packung iglo Petersilie
1 Ei, Größe M
75 g Käseraspel (17 % Fett)
Salz, Pfeffer, Muskat

Kartoffeln schälen, würfeln und in Salzwasser 12–15 Minuten kochen, abgießen und mit einem Kartoffelstampfer zu Püree zerdrücken. Dabei die Milch unterrühren, mit Salz, Pfeffer und Muskat abschmecken und abkühlen lassen.

Kasseler in Streifen schneiden und im Öl 2–3 Minuten knusprig anbraten. Tiefgefrorenen Wirsing in einem Topf bei mittlerer Hitze auftauen und einmal aufkochen lassen. Kasselerstreifen und Petersilie untermischen.

Ei trennen. Eigelb unter den Kartoffelbrei rühren, anschließend das steif geschlagene Eiweiß unterheben.

Wirsingmischung in eine Auflaufform füllen und mit Kartoffelpüree bedecken. Käse darüber streuen und im vorgeheizten Backofen (180 °C, Ober-/Unterhitze) etwa 15 Minuten überbacken.

Nährwerte je Portion: 555 kcal / 2324 kJ, 39 g E, 24 g F, 40 g KH

Kartoffel-Spinat-Gratin

55 Min

Für 3 Portionen

400 g Kartoffeln
150 g Ricotta (30 % Fett)
100 ml Milch (1,5 % Fett)
1 Ei, Größe M
1/2 Packung iglo Zwiebel-Duo
1 TL iglo Knoblauch-Duo
150 g Kirschtomaten
450 g iglo Blattspinat, aufgetaut
50 g Gouda
10 g Mandelblättchen
Salz, Pfeffer, Muskat

Kartoffeln schälen und in dünne Scheiben hobeln. Ricotta mit Milch, Ei, Zwiebel- und Knoblauch-Duo verrühren und mit Salz, Pfeffer und Muskat kräftig würzen.

Kirschtomaten waschen und in Scheiben schneiden. In drei feuerfeste eingefettete Formen abwechselnd Kartoffelscheiben, Ricottamischung und Blattspinat schichten. Mit Ricotta und Kirschtomaten abschließen.

Geriebenen Gouda und Mandeln mischen und über die Gratins streuen. Im vorgeheizten Backofen (175 °C, Ober-/Unterhitze) etwa 45 Min backen. Nach etwa 30 Minuten mit Alufolie bedecken.

Nährwerte je Portion: 357 kcal / 1490 kJ, 22 g E, 14 g F, 31 g KH

Griechische Spinattörtchen

40 Min

12 Törtchen

6 Platten tiefgekühlter Blätterteig, aufgetaut
1 Fleischtomate
250 g mageres Rinderhack
1 TL Olivenöl
1 Packung iglo Knoblauch-Duo
300 g iglo Würzspinat
1 Ei, Größe M
10 g Speisestärke
75 g Schafskäse
Salz, Pfeffer

Blätterteigplatten einzeln auf etwa 20 x 10 cm ausrollen und halbieren, so dass Quadrate entstehen. Die Teigstücke in die Mulden einer beschichteten Muffinform drücken.

Tomate vierteln, entkernen und in kleine Würfel schneiden. Hackfleisch im Öl krümelig anbraten, Knoblauch-Duo zugeben und kurz mit braten. Würzspinat tiefgefroren zufügen und bei mittlerer Hitze zugedeckt auftauen, erwärmen und kurz durchkochen lassen. Vom Herd nehmen und mit Salz und Pfeffer abschmecken.

Ei mit der Stärke verquirlen, unter die Spinatmischung rühren und die Masse in die Förmchen füllen. Schafskäse zerbröckeln, mit Tomatenwürfeln mischen und darüber streuen. Im vorgeheizten Backofen (200 °C, Ober-/Unterhitze) 15–20 Minuten backen.

Nährwerte je Törtchen: 253 kcal / 1056 kJ, 9 g E, 16 g F, 16 g KH

Polenta mit Gemüsekruste

35 Min

Für 3 Portionen

600 ml Gemüsebrühe
2 TL Olivenöl
150 g Instant-Polentagrieß
1 Packung iglo Petersilie
15 g Semmelbrösel
400 g iglo Pfannen-Gemüse Französisch
2 Eier, Größe M
30 g Parmesan (30 % Fett)

Gemüsebrühe mit Öl aufkochen, Instant-Polenta unter Rühren einrieseln und einmal aufkochen lassen. Vom Herd nehmen und die Petersilie untermischen.

Polenta in eine leicht eingefettete Auflauf- oder Springform füllen und glatt streichen. Mit Semmelbröseln bestreuen.

Tiefgefrorenes Pfannen-Gemüse 4 Minuten in einer Pfanne bei starker Hitze anbraten und auf der Polenta verteilen. Eier verquirlen und über das Gemüse geben. Mit frisch geriebenem Parmesan bestreuen. Im vorgeheizten Backofen (200 °C, Ober-/Unterhitze) 25–30 Minuten backen.

Nährwerte je Portion: 461 kcal / 1928 kJ, 20 g E, 23 g F, 37 g KH

Gnocchi-Gratin weiß-grün

30 Min

Für 3 Portionen

400 g Gnocchi (aus dem Kühlregal)
125 g Lauchzwiebeln
125 ml Milch (1,5 % Fett)
100 ml Gemüsebrühe
400 g iglo Rahm-Blumenkohl
200 g iglo Broccoli-Röschen
1 Packung iglo Basilikum
50 g geriebener Emmentaler
Salz, Pfeffer, Muskat

- Gnocchi in reichlich Salzwasser einmal aufkochen, dann bei ausgeschalteter Hitze 1 Minute ziehen lassen. Über einem Sieb abgießen und mit kaltem Wasser abschrecken.
- Lauchzwiebeln putzen und in Stücke schneiden. Milch und Brühe erhitzen, tiefgefrorenen Rahm-Blumenkohl und Zwiebelstücke zufügen und einmal aufkochen. Tiefgefrorene Broccoliröschen zugeben. Mit Pfeffer und Muskat abschmecken und Basilikum unterrühren.
- Gnocchi in eine Auflaufform füllen und die Gemüsemischung darauf verteilen. Emmentaler darüber streuen und im vorgeheizten Ofen (180 °C Ober-/Unterhitze) 15 Minuten backen.

Nährwerte je Portion: 769 kcal / 2035 kJ, 17 g E, 17 g F, 65 g KH

Kohlrabi-Flamme-Küchle

60 Min

Für 4 Portionen

200 g Mehl, Type 405
1/2 TL Trockenhefe
1/2 TL Salz
1/2 TL Zucker
125 ml Wasser
1 1/2 EL Rapsöl
400 g iglo Rahm-Kohlrabi
60 g Baconscheiben
etwas Schnittlauch

- Mehl mit Hefe, Salz und Zucker mischen und mit lauwarmem Wasser und Öl zu einem geschmeidigen Teig kneten. 1/2 Stunde an einem warmen Ort gehen lassen.
- Tiefgefrorenen Kohlrabi in einem Topf bei schwacher Hitze ca. 8 Minuten auftauen und erwärmen. Bacon in breite Streifen schneiden.
- Teig nochmals gut durchkneten und auf einer bemehlten Arbeitsfläche zu einem dünnen, großen Fladen ausrollen. Gemüse darauf verteilen und mit Baconstreifen belegen. Im vorgeheizten Backofen (250 °C, Ober-/Unterhitze) 12–15 Minuten backen. Mit gewaschenem, gehacktem Schnittlauch bestreut servieren.

Nährwerte je Portion: 426 kcal / 1777 kJ, 9 g E, 22 g F, 44 g KH

Gemüsequiche

60 Min

Für 3 Portionen

Quicheteig
200 g Weizen-Vollkornmehl
1 TL Backpulver
$^1/_2$ TL Jodsalz
2 TL Rapsöl
$^1/_2$ Packung iglo 8 Kräuter
100 ml kaltes Wasser

Belag
1 Fenchelknolle (ca. 200 g)
1 Kürbis (ca. 200 g)
400 g iglo Rahm-Karotten
150 ml Milch (1,5 % Fett)
10 g Speisestärke
1 Ei, Größe M
$^1/_2$ Bund Schnittlauch

Mehl, Backpulver und Salz mischen und mit Öl, Kräutern und Wasser zu einem glatten Teig kneten. $^1/_2$ Stunde im Kühlschrank ruhen lassen.

Fenchel putzen und in Streifen schneiden. Kürbis entkernen, schälen und würfeln. Tiefgefrorene Rahm-Karotten mit Milch kurz aufkochen, Fenchel und Kürbis untermischen und vom Herd nehmen. Stärke mit 2 EL kaltem Wasser anrühren, gut mit dem Ei verquirlen und unter die Gemüsemischung rühren.

Teig auf einer bemehlten Arbeitsfläche dünn ausrollen. Eine beschichtete Tarteform damit auskleiden, sodass ein 3 cm hoher Rand entsteht. Das Gemüse einfüllen und im vorgeheizten Backofen bei 180 °C (Ober-/Unterhitze) 25–30 Minuten backen. Mit Schnittlauchröllchen bestreut servieren.

Nährwerte je Portion: 491 kcal / 2055 kJ, 16 g E, 19 g F, 60 g KH

Spinat-Ricotta-Quiche

60 Min

Für 4 Portionen

Quicheteig

150 g Mehl, Type 1050
50 g Mehl, Type 405
$^1/_2$ Tütchen Trockenhefe
$^1/_2$ TL Salz
125 ml lauwarmes Wasser

Belag

200 g grüner Spargel
200 g iglo Würz-Spinat, aufgetaut
1 Ei, Größe M
100 ml Milch (1,5 % Fett)
1 TL Speisestärke
100 g Ricotta (30 % Fett)
Salz, Pfeffer

- Beide Mehlsorten mit der Hefe und dem Salz in einer Schüssel mischen. Wasser zufügen und zu einem glatten Teig kneten. 30 Minuten an einem warmen Ort zugedeckt gehen lassen.

- Vom Spargel die holzigen Enden abschneiden und mit einem Sparschäler das untere Drittel schälen. In Salzwasser 3 Minuten blanchieren, in kaltem Wasser abschrecken und in mundgerechte Stücke schneiden.

- Spinat mit Ei, Milch und Stärke gut verrühren und mit Salz und Pfeffer würzen.

- Den Teig noch einmal gut durchkneten und auf einer bemehlten Arbeitsfläche $^1/_2$ cm dick ausrollen. Eine große, beschichtete Tarteform mit dem Teig auskleiden. Die Spinatmasse und anschließend den Spargel darauf verteilen.

- Zum Schluss den Ricotta über die Quiche bröckeln und den überstehenden Teigrand abschneiden. Im vorgeheizten Backofen (200 °C, Ober-/Unterhitze) 20-25 Minuten backen.

Nährwerte je Portion: 309 kcal / 1291 kJ, 14 g E, 8 g F, 41 g KH

Italienische Gemüsepizza

45 Min

Für 2 Portionen

Teig

- 180 g Mehl, Type 405
- 100 g Magerquark
- 1 TL Backpulver
- 1/2 TL Jodsalz
- 60 ml Milch (1,5 % Fett)
- 2 TL Olivenöl

Belag

- 1 große Fleischtomate (ca. 100 g)
- 1/2 Packung iglo Italienische Kräuter
- 400 g iglo Pfannen-Gemüse Italienisch
- 8 schwarze Oliven, ohne Stein
- 50 g Parmesan

Aus Mehl, Quark, Backpulver, Salz, Milch und Olivenöl einen geschmeidigen Teig kneten. Auf einer bemehlten Fläche dünn ausrollen und auf ein mit Backpapier ausgelegtes Backblech legen.

Tomate mit kochendem Wasser überbrühen, abschrecken und häuten. Danach vierteln, entkernen und in Würfel schneiden. Mit den Kräutern vermischen und auf der Pizza verteilen.

Gemüse tiefgefroren in einer beschichteten Pfanne bei starker Hitze 2–3 Minuten anbraten und ebenfalls auf der Pizza verteilen. Mit in Scheiben geschnittenen Oliven und frisch geriebenem Parmesan bestreuen. Im vorgeheizten Backofen (200 °C, Ober-/Unterhitze) 15–20 Minuten kross backen.

Nährwerte je Portion: 707 kcal / 2961 kJ, 30 g E, 24 g F, 84 g KH

Roggen-Pizza mit Parmaschinken

60 Min

Für 2 Portionen

Pizzateig

- 200 g Roggenmehl, Type 1150
- 2 TL Backpulver
- 1 TL Salz
- 75 g Buttermilchquark
- 1 Ei, Größe M
- 2 TL Olivenöl
- 100 ml Buttermilch

Belag

- 3 Champignons (ca. 50 g)
- 1 Tomate (ca. 100 g)
- 150 g saure Sahne
- 1 Packung iglo Zwiebel-Duo
- 200 g iglo Junge Erbsen, aufgetaut
- 30 g Parmaschinken, in Scheiben
- 2 Zweige Thymian
- Salz, Pfeffer

Mehl, Backpulver und Salz in einer Schüssel mischen. Quark, Ei, Öl und Buttermilch verrühren und dazu geben. Mit dem Knethaken eines Handrührgerätes zu einem glatten Teig verrühren und 30 Minuten ruhen lassen.

Champignons putzen und in Scheiben schneiden. Tomate waschen und ebenfalls in Scheiben schneiden.

Teig auf einer bemehlten Arbeitsfläche zu zwei großen ovalen Pizzen ausrollen, mit saurer Sahne bestreichen und mit Zwiebel-Duo bestreuen.

Erbsen, Champignon- und Tomatenscheiben auf den Pizzen verteilen, mit Salz und Pfeffer würzen, dann im vorgeheizten Backofen (200 °C, Ober-/Unterhitze) 20–25 Minuten backen.
Den Parmaschinken in breite Streifen schneiden und auf der fertigen heißen Pizza verteilen. Mit gezupften Thymianblättchen bestreuen.

Nährwerte je Portion: 726 kcal / 3042 kJ, 30 g E, 24 g F, 90 g KH

Spinat-Rucola-Pizza mit Filegro

55 Min

Für 2 Portionen

Pizzateig

200 g Mehl, Type 550
1 TL Trockenhefe
3 g Salz
2 TL Olivenöl
125 ml lauwarmes Wasser

Belag

150 g Tomatenwürfel (Tetrapack)
1/2 Packung iglo Italienische Kräuter
150 g iglo Blattspinat, aufgetaut
150 g rote Paprika
250 g iglo Filegro in Kräutersauce
20 g Rucola
20 g Parmesan
Salz, Pfeffer, 2 TL Zucker

Mehl, Trockenhefe und Salz in einer Schüssel mischen. Mit Öl und lauwarmem Wasser einen glatten Hefeteig kneten. An einem warmen Ort 30 Minuten gehen lassen.

Tomatenwürfel mit Kräutern verrühren und mit Salz, Pfeffer und Zucker würzen. Blattspinat auf einem Sieb abtropfen lassen. Paprika putzen, halbieren, entkernen und die weißen Innenhäute entfernen. In dünne Streifen schneiden.

Pizzateig nochmals kräftig durchkneten und auf einer bemehlten Arbeitsfläche zu zwei runden Pizzen ausrollen. Den Teig mit Tomatensauce bestreichen, Spinat und Paprikastreifen darauf verteilen. Fischfilets tiefgefroren in 5–6 Stücke teilen und auf die Pizzen setzen.

Im vorgeheizten Backofen (200 °C, Ober-/Unterhitze) etwa 15 Minuten backen. Rucola und frisch gehobelten Parmesan auf den noch heißen Pizzen verteilen.

Nährwerte je Portion: 668 kcal / 2794 kJ, 36 g E, 17 g F, 86 g KH

Fisch

Schlemmerfilet mit Rucola-Kohlrabi

50 Min

380 g iglo Schlemmer-Filet Italiano
500 g kleine Kartoffeln
1 EL Olivenöl
400 g iglo Rahm-Kohlrabi
1/2 Bund Rucola (ca. 60 g)
Salz, Pfeffer, Paprikapulver scharf

Für 2 Portionen

- Backofen mit Backblech vorheizen (225 °C, Ober-/Unterhitze). Folie entfernen und tiefgefrorenes Schlemmerfilet in der Aluschale auf das Backblech setzen und etwa 35 Minuten garen.

- Die ungeschälten Kartoffeln gründlich waschen, in Spalten schneiden und in kochendem Salzwasser etwa 4 Minuten garen, abtropfen lassen und im Öl goldbraun braten. Mit Salz und Pfeffer würzen und mit Paprikapulver bestäuben.

- Tiefgefrorenen Kohlrabi mit 150 ml Wasser bei starker Hitze aufkochen und bei schwacher Hitze ca. 5 Minuten köcheln lassen. Rucola waschen, putzen, klein schneiden und zum Schluss unter den Kohlrabi mischen. Schlemmerfilet halbieren und auf dem Gemüsebett anrichten, Kartoffel-Wedges dazu servieren.

Nährwerte je Portion: 727 kcal / 3036 kJ, 33 g E, 38 g F, 60 g KH

Goldknusperfilet mit Fenchel-Senf-Gemüse

45 Min

Für 2 Portionen

200 g iglo Goldknusper Goldback

Kräuterpüree
600 g Kartoffeln
200 ml Milch (1,5 % Fett)
1 Packung iglo 8 Kräuter
Salz, Pfeffer, Muskat

Fenchel-Senf-Gemüse
1 Fenchelknolle (ca. 300 g)
2 TL Butter
1 Packung iglo Zwiebel-Duo
125 ml Gemüsebrühe
1 EL grober Senf
30 g saure Sahne (10 % Fett)
Salz, Pfeffer

Backofen inklusive Backblech auf 225 °C (Ober-/Unterhitze) vorheizen. Tiefgefrorene Goldknusper-Filets auf das Backblech legen und auf der obersten Schiene 15–20 Minuten backen.

Kartoffeln schälen, waschen und in kleine Stücke schneiden. In Salzwasser etwa 25 Minuten gar kochen und abgießen. Mit einem Kartoffelstampfer oder einer Presse zerdrücken und nach und nach heiße Milch zugießen. Kräuter unterheben und mit Salz, Pfeffer und Muskat abschmecken.

Fenchel waschen und putzen. Das Grün entfernen und beiseite legen. Dann die Fenchelknolle in Scheiben schneiden. Butter in einem Topf erhitzen und die Zwiebeln darin anschwitzen. Fenchel zugeben und mit der Brühe aufgießen. Das Gemüse etwa 5 Minuten dünsten.

Etwas Fenchelgrün fein hacken und mit dem Senf zum Gemüse geben. Einmal kurz aufkochen lassen, saure Sahne unterheben und mit Salz und Pfeffer abschmecken.

Goldknusper-Filets mit Gemüse und Kräuterpüree anrichten, mit restlichem Fenchelgrün garniert servieren.

Nährwerte je Portion: 633 kcal / 2657 kJ, 27 g E, 20 g F, 81 g KH

Fruchtige Garnelen-Reis-Pfanne

25 Min

Für 2 Portionen

120 g Basmatireis
200 g ungeschälte Garnelen
3 TL Sesamöl
1 TL iglo Knoblauch-Duo
1 Mango (ca. 300 g)
15 g Sesam
400 g iglo Asia Wok-Mix
3 TL Sojasauce
2 TL Honig
1/2 Bund Koriander oder glatte Petersilie
Salz

Basmatireis in einen Topf geben und so viel Wasser aufgießen, dass er etwa daumenbreit bedeckt ist. 1 Prise Salz zufügen und aufkochen. Sobald der Reis kocht, die Hitze auf die kleinste Stufe schalten und mit geschlossenem Deckel etwa 10 Minuten quellen lassen.

Garnelen schälen, entdarmen und im heißen Sesamöl anbraten, leicht salzen. Knoblauch-Duo unterheben und kurz mitdünsten. Die Garnelen aus der Pfanne nehmen und warm stellen.

Mango schälen, Kern herauslösen und Fruchtfleisch würfeln. Sesam in einer beschichteten Pfanne rösten und herausnehmen.

Asia Wok-Mix in die Pfanne geben und mit 1–2 EL Wasser unter mehrmaligem Umrühren 3–5 Minuten garen. Mangowürfel, Garnelen und Sesam untermischen und kurz mitziehen lassen. Mit Sojasauce und Honig abschmecken.

Mit frischen Korianderblättchen bestreut servieren. Basmatireis dazu reichen.

Nährwerte je Portion: 608 kcal / 2543 kJ, 24 g E, 18 g F, 81 g KH

Schlemmerfilet mit Äpfeln und Selleriepüree

40 Min

Für 2 Portionen

380 g iglo Schlemmer-Filet Blattspinat
150 g Sellerieknolle
250 g mehlig kochende Kartoffeln
75 ml Milch (1,5 % Fett)
1 Apfel (ca. 100 g, z.B. Elstar)
10 g Butter
30 g Zucker
30 ml Zitronensaft
4 Schnittlauchhalme
Salz, Pfeffer, Muskat

Backofen mit Backblech auf 225 °C (Ober-/Unterhitze) vorheizen. Tiefgefrorenes Schlemmerfilet ohne Folie in der Aluschale auf das Backblech (mittlere Schiene) legen und etwa 35 Minuten garen.

Sellerie schälen und in grobe Würfel schneiden. Kartoffeln schälen und vierteln. Beides in Salzwasser etwa 15 Minuten kochen. Abgießen und mit einem Kartoffelstampfer zu Brei stampfen. Dabei die Milch zufügen und mit Salz, Pfeffer und Muskat abschmecken.

Apfel waschen, vierteln, entkernen und in Spalten schneiden. In einer Pfanne die Butter schmelzen und die Apfelspalten darin anbraten. Zucker und Zitronensaft dazu geben und etwa 5 Minuten dünsten, bis die Flüssigkeit verdampft ist und die Apfelspalten etwas karamellisiert sind.

Schlemmerfilet in zwei Portionen teilen, auf Teller geben, mit dem Selleriepüree anrichten, anschließend mit Apfelspalten und halbierten Schnittlauchhalmen garnieren.

Nährwerte je Portion: 514 kcal / 2151 kJ, 28 g E, 20 g F, 52 g KH

Fischstäbchen und Gemüsesticks mit zweierlei Dips

20 Min

Für 3 Portionen

4 kleine Karotten (ca. 150 g)
1 kleiner Kohlrabi (ca. 150 g)
1 Stück Salatgurke (ca. 150 g)
1 rote Paprikaschote (ca. 150 g)
300 g iglo 10 Fischstäbchen

Kräuterdip
150 g Joghurt (3,5 % Fett)
4 TL grober Senf
1/2 Packung iglo Salatkräuter
Salz, Pfeffer

Salsadip
100 g Tomatenstückchen, Tetrapack
1 TL Sambal Oelek
1/2 Packung iglo Salatkräuter
Salz, Pfeffer

- Backofen mit Backblech auf 220 °C (Ober-/Unterhitze) vorheizen.

- Karotten schälen und längs halbieren. Kohlrabi schälen, halbieren und in Streifen schneiden. Gurke waschen, längs halbieren, Kerngehäuse herausschaben und in Streifen schneiden. Paprika waschen, halbieren, Strunk und weiße Innenhäute entfernen, in Streifen schneiden.

- Fischstäbchen 13–15 Minuten im Backofen backen, dabei einmal wenden.

- Joghurt mit Senf und Kräutern verrühren und mit Salz und Pfeffer abschmecken.

- Tomatenstückchen mit Sambal Oelek und Kräutern mischen, salzen und pfeffern.

- Fischstäbchen mit Gemüsesticks auf Tellern anrichten, Kräuter- und Salsadip dazu reichen.

Nährwerte je Portion: 290 kcal / 1219 kJ, 18 g E, 11 g F, 28 g KH

Filegro auf buntem Nudelbett

30 Min

Für 2 Portionen

150 g Tagliatelle
150 g rosa Champignons
1 Zucchini (ca. 100 g)
2–3 Möhren (ca. 100 g)
250 g iglo Filegro Müllerin Art
4 TL Sesamöl
1/2 Packung iglo Knoblauch-Duo
1/2 Packung iglo Zwiebel-Duo
Salz

Süßsaure Sauce

200 ml Orangensaft
50 g Tomatenketchup
4 TL Essig
3 TL Sojasauce
25 g Zucker
1/2 TL Sambal Oelek

- Tagliatelle in reichlich Salzwasser in 6 Minuten al dente kochen.
- Champignons putzen und in Scheiben, gewaschene Zucchini und geschälte Möhren in 3 cm lange Streifen schneiden.
- Für die Sauce Orangensaft, Tomatenketchup, Essig, Sojasauce, Zucker und Sambal Oelek miteinander verrühren und aufkochen.
- Die Fischfilets tiefgefroren mit 2 TL Öl in eine beschichtete Pfanne geben und unter mehrmaligem Wenden 8–10 Minuten braten. Aus der Pfanne nehmen und warm stellen.
- Knoblauch- und Zwiebel-Duo im restlichen Öl anschwitzen, Gemüse zufügen und 3–4 Minuten braten. Nudeln und Sauce dazu geben und alles gut durchschwenken.
- Den in Streifen geschnittenen Fisch auf den Nudeln anrichten.

Nährwerte je Portion: 697 kcal / 2911 kJ, 32 g E, 20 g F, 93 g KH

Matjestatar auf Kartoffelrösti

35 Min

Für 4 Portionen

Matjestatar
200 g iglo Apfel-Rotkohl
1 TL Meerrettich
1/2 Packung iglo Dill
250 g Matjesfilet
2 Gewürzgurken (ca. 100 g)
1/2 Packung iglo Zwiebel-Duo
Salz, Pfeffer, Zucker

Rösti
1 kg gekochte Kartoffeln
1/2 Packung iglo Zwiebel-Duo
6 TL Sonnenblumenöl
6 TL Rama Cremefine zum Verfeinern
2 TL Dillspitzen
Salz, Pfeffer, Muskat

Tiefgefrorenen Apfel-Rotkohl etwa 6–8 Minuten in einem Topf bei mittlerer Hitze auftauen, erwärmen und kurz aufkochen lassen. Dabei mehrmals umrühren. Meerrettich und Dill unterrühren und mit Salz, Pfeffer und Zucker abschmecken.

Matjes und Gewürzgurken in feine Würfel schneiden und mit den Zwiebeln unter den Rotkohl rühren.

Die abgekühlten Kartoffeln pellen, auf einer Haushaltsreibe grob reiben und mit den Zwiebeln mischen. Mit je einer Prise Salz, Pfeffer und Muskat würzen.

Geriebene Kartoffelmasse in heißem Öl in einer beschichteten Pfanne zu 12 kleinen Röstis braten, dabei mit einer Palette die Raspel festdrücken und wenden.

Matjestatar auf den noch warmen Röstis anrichten und mit einem Klecks Cremefine und Dill servieren.

Nährwerte je Portion: 515 kcal / 2161 kJ, 16 g E, 24 g F, 49 g KH

Überbackene Fischstäbchen

30 Min

Für 3 Portionen

300 g iglo 10 Fischstäbchen
2 Scheiben Emmentaler Käse (ca. 60 g, 17 % Fett)
400 g Pommes frites (3 % Fett)

Möhrensalat
200 g Möhren
1 Apfel
Saft von 1 Orange
1 EL Honig
1 EL Rapsöl
1 EL gehackte Petersilie
Salz, Pfeffer

Fischstäbchen mit Abstand zueinander auf ein Backblech legen. Jede Käsescheibe in 5 Streifen schneiden und die Fischstäbchen damit belegen. Zusammen mit den Pommes im vorgeheizten Backofen (230 °C, Ober-/Unterhitze) etwa 12–15 Minuten backen.

Möhren schälen, Apfel waschen, vierteln und entkernen. Beides auf einer Reibe raspeln. Mit Orangensaft, Honig und Öl vermischen und mit Salz und Pfeffer abschmecken.

Fischstäbchen und Pommes auf Tellern verteilen, den Möhrensalat mit Petersilie bestreuen und Ketchup dazu reichen.

Nährwerte je Portion: 545 kcal / 2290 kJ, 24 g E, 21 g F, 65 g KH

Thailändisches Fischcurry

20 Min

Für 2 Portionen

400 g iglo Asia Wok-Mix
1 TL gelbe Thai-Curry-Paste
100 ml Gemüsebrühe
150 ml Kokosmilch
300 g iglo Seelachs Naturfilets, aufgetaut
Saft von $^{1}/_{2}$ Limone
1 Spritzer Sojasauce
1 TL brauner Zucker
1 EL frischer Koriander

Asia Wok-Mix tiefgefroren in einer heißen beschichteten Pfanne 3–5 Minuten mit 1–2 EL Wasser unter mehrmaligem Umrühren braten. Die Thai-Curry-Paste unterrühren und kurz mitbraten. Mit Brühe und Kokosmilch ablöschen und 2–3 Minuten köcheln lassen.

Fischfilets in Stücke schneiden, 5 Minuten im Limonensaft marinieren und mitsamt dem Saft zum Gemüse geben. Etwa 5 Minuten bei ausgeschaltetem Herd gar ziehen lassen. Mit Sojasauce und Zucker abschmecken.

Mit gewaschenem, klein geschnittenem Koriandergrün bestreuen.

Nährwerte je Portion: 398 kcal / 1670 kJ, 33 g E, 20 g F, 17 g KH

Schlemmerfilet mit Kartoffel-Bohnen-Salat

45 Min

Für 2 Portionen

380 g iglo Schlemmer-Filet Broccoli
500 g kleine, fest kochende Kartoffeln
200 g iglo Prinzessbohnen
100 g Kirschtomaten
1/2 Packung iglo Salatkräuter
Salz

Dressing

250 ml Gemüsebrühe
2 EL Essig
2 TL Rapsöl
1/2 Packung iglo Zwiebel-Duo
30 g Dijon-Senf
Salz, Pfeffer, 3 TL Zucker

Backofen mit Backblech auf 225 °C (Ober-/Unterhitze) vorheizen. Folie vom Schlemmerfilet entfernen, tiefgefrorenes Filet in der Aluschale auf das Backblech (mittlere Schiene) setzen und etwa 35 Minuten garen.

Kartoffeln mit Schale in etwa 25 Minuten gar kochen, mit kaltem Wasser abschrecken und pellen. Mit einem Eierschneider in dünne Scheiben teilen. Tiefgefrorene Prinzessbohnen in 125 ml Salzwasser aufkochen und in etwa 5 Minuten garen, leicht abkühlen lassen und halbieren.

Kartoffeln mit Bohnen in eine Salatschüssel geben. Brühe mit Essig, Öl, Salz, Pfeffer, Zucker und Zwiebeln aufkochen. Senf zufügen und das Dressing noch warm über die Kartoffeln und Bohnen geben.

Tomaten halbieren und mit den Salatkräutern unter den Salat mischen. Das Schlemmerfilet auf zwei Tellern anrichten und mit dem noch lauwarmen Salat servieren.

Nährwerte je Portion: 609 kcal / 2555 kJ, 32 g E, 22 g F, 66 g KH

Filegro-Sandwich

20 Min

Für 2 Portionen

250 g iglo Filegro Müllerin Art
2 TL Rapsöl
1 rote Paprikaschote (ca. 100 g)
2 Karotten (ca. 100 g)
50 g roter Chicorée oder Radicchio
1 Ciabattabrot (300 g)
100 g Mangochutney
75 g Joghurt (1,5 % Fett)
10 g Kresse
20 g Alfalfasprossen
Salz, Pfeffer

- Fischfilets tiefgefroren in heißem Öl in einer beschichteten Pfanne bei mittlerer Hitze 8–10 Minuten braten, dabei mehrmals wenden.
- Paprika putzen und in dünne, kleine Streifen schneiden. Karotten schälen und ebenfalls in dünne Streifen schneiden. Chicorée putzen, Strunk entfernen und Blätter waschen.
- Ciabatta-Brot halbieren und der Länge nach aufschneiden, sodass sich zwei Ober- und zwei Unterseiten ergeben, und kurz toasten.
- Für das Dressing Chutney mit Joghurt verrühren und mit Salz und Pfeffer abschmecken.
- Ciabatta-Hälften mit dem Dressing bestreichen. Salat und Gemüse darauf verteilen und mit Filegro belegen. Mit Kresse und Sprossen bestreuen und zusammenklappen.

Nährwerte je Portion: 742 kcal / 3102 kJ, 35 g E, 14 g F, 112 g KH

Lachsragout mit Königsgemüse

30 Min

Für 3 Portionen

600 g fest kochende Kartoffeln
400 g iglo Rahm-Königsgemüse
125 ml trockener Weißwein
250 g iglo Wildlachs Naturfilets, aufgetaut
30 g Kapern
1/2 Packung iglo Dill
Salz

- Kartoffeln schälen, halbieren und in Salzwasser etwa 20 Minuten kochen.
- Rahm-Königsgemüse tiefgefroren mit 125 ml Wasser oder Milch und Weißwein bei starker Hitze aufkochen lassen.
- Lachs in Würfel schneiden und mit Kapern und Dill zum Gemüse geben, zugedeckt etwa 10 Minuten dünsten. Dazu Salzkartoffeln servieren.

Nährwerte je Portion: 469 kcal / 1963 kJ, 18 g E, 17 g F, 51 g KH

Fischstäbchen mit Wasabi-Püree

35 Min

Für 2 Portionen

600 g mehlig kochende Kartoffeln
300 g iglo 10 Fischstäbchen
150 ml Milch (1,5 % Fett)
1 Packung iglo Petersilie
1 TL Wasabipulver
(oder 1/2 TL Wasabipaste)
Salz, Pfeffer

Gurkensalat

300 g Salatgurke
150 g Karotte
6 TL Essig
3 TL Zucker
1/2 Bund frischer Koriander oder glatte Petersilie
1 TL Sambal Oelek
Salz

Kartoffeln schälen, würfeln und etwa 15 Minuten in Salzwasser kochen. In der Zwischenzeit Backofen mit Backblech (mittlere Schiene) auf 225 °C (Ober-/Unterhitze) vorheizen. Fischstäbchen tiefgefroren auf das Backblech geben und 13–15 Minuten backen, dabei einmal wenden.

Gurke und Karotte schälen und in sehr dünne Scheiben schneiden oder hobeln. Essig mit 40 ml Wasser, Zucker und etwas Salz aufkochen, vom Herd nehmen und abkühlen lassen. Koriander fein hacken und mit Sambal Oelek unter das Dressing rühren. Gurken- und Karottenscheiben damit übergießen.

Kartoffeln abgießen, mit einem Stampfer zerdrücken und warme Milch und Petersilie unterrühren. Wasabipulver mit 1 TL Wasser zu einer glatten Paste rühren, unter das Püree mischen und mit Salz und Pfeffer abschmecken. Nach Belieben mit noch etwas Wasabi nachwürzen.

Kartoffelpüree mit Fischstäbchen auf Tellern anrichten und Gurkensalat dazu servieren.

Nährwerte je Portion: 651 kcal / 2738 kJ, 31 g E, 14 g F, 95 g KH

Kräuterfisch in Garnelen-Sauce

30 Min

Für 2 Portionen

250 g iglo Filegro in Kräutersauce
100 g Tiefseegarnelen
600 g fest kochende Kartoffeln
1 Zucchini (ca. 200 g)
100 g Salatgurke
4 TL Rapsöl
1 Packung iglo Zwiebel-Duo
20 g Kapern
Salz, Pfeffer

Fischfilets tiefgefroren in eine beschichtete Pfanne ohne Öl geben und mit Deckel bei mittlerer Hitze 8–10 Minuten garen, dabei 1–2 Mal wenden und die Sauce umrühren. Gegebenenfalls 1–3 EL Wasser unter die Sauce rühren. Nach der Hälfte der Garzeit die Garnelen zufügen.

Kartoffeln schälen und würfeln, Zucchini ebenfalls würfeln. Gurke waschen, halbieren, Kerne herausschaben und würfeln.

Kartoffeln im Öl 7–8 Minuten braten. Zucchini und Zwiebel-Duo zugeben und 2–3 Minuten mit braten. Mit Salz und Pfeffer würzen. Zum Schluss Kapern und Gurkenwürfel untermischen.

Filegro mit Sauce und Garnelen anrichten und Bratkartoffeln dazu servieren.

Nährwerte je Portion: 605 kcal / 2539 kJ, 34 g E, 21 g F, 64 g KH

Risotto Toskana

30 Min

Für 4 Portionen

- **250 g Risotto-Reis**
- **3 EL Olivenöl**
- **125 ml Weißwein**
- **500 ml Brühe**
- **380 g iglo Schlemmer-Pfanne Toskana**
- **1 EL gehackter Estragon (frisch oder getrocknet)**
- **250 g Hähnchenbrustfilet**
- **100 g tiefgekühlte Tiefseegarnelen**
- **etwas Zitronensaft**
- **1 EL frisch gehobelter Parmesan**

Reis in 2 EL Olivenöl glasig anschwitzen, mit Weißwein ablöschen und mit so viel heißer Brühe aufgießen, dass er gerade bedeckt ist. Bei kleiner Hitze köcheln lassen, dabei häufig umrühren.

Wenn der Reis nach etwa 10 Minuten die Brühe aufgesogen hat, tiefgefrorene Schlemmerpfanne und Estragon zufügen, aufkochen lassen und weiter 5 Minuten sanft köcheln lassen.

Hähnchenbrustfilet in Stücke schneiden und im restlichen Öl knusprig braten. Garnelen kurz zugeben und mit anbraten. Hähnchenfleisch und Garnelen unter den Reis mischen, mit Zitronensaft abschmecken und mit Parmesan bestreuen.

Nährwerte je Portion: 555 kcal / 2325 kJ, 31 g E, 20 g F, 53 g KH

Schlemmerfilet auf Linsenbett

50 Min

Für 2 Portionen

- **200 g Tomaten**
- **250 g rote Linsen**
- **300 g iglo Suppengemüse**
- **500 ml Gemüsebrühe**
- **380 g iglo Schlemmer-Filet à la Bordelaise**

Tomaten mit kochendem Wasser überbrühen, in kaltem Wasser abschrecken, häuten und in große Würfel schneiden.

Rote Linsen waschen, mit Tomaten und Suppengemüse in eine Auflaufform füllen und mit Brühe aufgießen. Schlemmerfilet aus der Folie nehmen und auf das Linsengemüse setzen.

Im vorgeheizten Backofen bei 250 °C (Ober-/Unterhitze) auf der mittleren Schiene 45 Minuten garen. Das Schlemmerfilet anschließend teilen und auf dem Linsengemüse anrichten.

Nährwerte je Portion: 746 kcal / 3129 kJ, 59 g E, 22 g F, 77 g KH

Fischstäbchen in Pitabrot

25 Min

Für 4 Pitabrote

Gefüllte Pitabrote

- 1/2 Fenchelknolle (ca. 80 g)
- 1/2 Salatgurke (ca. 200 g)
- 2-3 Möhren (ca. 100 g)
- 50 g Rucola
- 300 g iglo 10 Fischstäbchen
- 4 Pitabrote

Dressing

- 60 g Mangochutney
- Saft von 1 Limette
- 1/2 Packung iglo 8 Kräuter
- Salz, Pfeffer

Fenchel waschen, putzen, Strunk entfernen und in feine Streifen schneiden. Gurke waschen, halbieren und in dünne Scheiben schneiden. Möhren schälen und raspeln. Rucola waschen, putzen und klein schneiden.

Tiefgefrorene Fischstäbchen im vorgeheizten Backofen (225 °C, Ober-/Unterhitze) 13–15 Minuten backen, zwischendurch einmal wenden. Pitabrote kurz mit erhitzen.

Für das Dressing Mangochutney mit Limettensaft und Kräutern verrühren und mit Salz und Pfeffer würzen.

Brote zuerst mit Fenchel, Gurke, Möhren und Rucola füllen, dann die Fischstäbchen hineinlegen und zuletzt das Dressing darüber geben.

Nährwerte je Pitabrot: 387 kcal / 1624 kJ, 17 g E, 7 g F, 59 g KH

Fischstäbchen-Burger

30 Min

Für 5 Burger

- 5 Brötchen (z.B. Hamburger-Brötchen)
- 450 g iglo 15 Fischstäbchen
- 5 große Salatblätter (z.B. Eisberg oder Lollo Biondo)
- 1 Fleischtomate (ca. 150 g)
- 125 g Sahnequark
- 1/2 Packung iglo 8 Kräuter
- 1/2 Packung iglo Zwiebel-Duo
- Salz, Pfeffer, Zitronensaft

Brötchen quer halbieren. Backofen mit Backblech (mittlere Schiene) auf 225 °C vorheizen. Fischstäbchen tiefgefroren auf das Backblech geben und 13–15 Minuten backen, dabei einmal wenden.

Salatblätter putzen, waschen und gründlich abtropfen lassen. Tomate in 5 Scheiben schneiden. Quark mit Kräutern und Zwiebeln verrühren und mit Salz, Pfeffer und etwas Zitronensaft abschmecken.

Die unteren Brötchenhälften mit Salat und Tomatenscheiben belegen, je 3 Fischstäbchen und Quark darauf platzieren und mit den oberen Brötchenhälften bedecken.

Nährwerte je Burger: 366 kcal / 1540 kJ, 19 g E, 12 g F, 45 g KH

Mediterrane Fischpfanne

25 Min

Für 3 Portionen

240 g Artischockenherzen (aus der Dose)
200 g Tagliatelle
380 g iglo Schlemmer-Pfanne Toscana
$^{1}/_{2}$ Packung iglo Knoblauch-Duo
$^{1}/_{2}$ Packung iglo Italienische Kräuter
100 g Miesmuschelfleisch (TK oder aus dem Glas)
30 g saure Sahne (10 % Fett)
20 g Parmesan
einige Basilikumblätter
Salz, Pfeffer

Artischocken auf einem Sieb abtropfen lassen und vierteln. Tagliatelle in reichlich Salzwasser al dente kochen und abgießen.

Tiefgefrorene Schlemmerpfanne erhitzen, Knoblauch, Kräuter, Muscheln und Artischockenherzen zugeben, zum Kochen bringen und 7–9 Minuten sanft köcheln lassen. Saure Sahne unterrühren und mit Salz und Pfeffer abschmecken.

Nudeln auf Teller geben und die Fischpfanne darauf anrichten. Mit frisch geriebenem Parmesan und in Streifen geschnittenen Basilikumblättern bestreut servieren.

Nährwerte je Portion: 498 kcal / 2084 kJ, 22 g E, 17 g F, 59 g KH

Schellfisch mit Spinatkruste

30 Min

Für 2 Portionen

200 g Schellfischfilet
100 g iglo Rahm-Spinat, aufgetaut
10 g grober Senf
10 g Butter
1/2 Packung iglo Zwiebel-Duo
1/2 Packung iglo Petersilie
30 g Semmelbrösel
Salz, Pfeffer

Tomaten-Nudel-Bett

150 g Nudeln (z.B. Farfalle)
1/2 Packung iglo Zwiebel-Duo
1 TL Olivenöl
200 g passierte Tomaten
1 Packung iglo Basilikum
Salz, Pfeffer

- Fischfilet in zwei Portionen teilen und mit Salz und Pfeffer würzen. Spinat mit Senf verrühren und die Fischstücke damit bestreichen.

- Butter in einer Pfanne schmelzen lassen, mit Zwiebeln, Petersilie und Bröseln mischen und auf dem Spinat verteilen.

- Nudeln nach Packungsanleitung in Salzwasser kochen und abtropfen lassen.

- Zwiebeln in der vorher benutzten Pfanne in Öl andünsten. Passierte Tomaten, Basilikum und die Nudeln zugeben und mit Salz und Pfeffer abschmecken.

- Die Nudel-Tomaten-Mischung in zwei Auflaufformen geben. Fischstücke darauf legen und im vorgeheizten Backofen (200 °C, Ober-/Unterhitze) 8–10 Minuten backen.

Nährwerte je Portion: 560 kcal / 2345 kJ, 32 g E, 10 g F, 77 g KH

Fleisch

Schnitzel mit scharfer Ananas

45 Min

Für 2 Portionen

- 300 g kleine Kartoffeln
- 200 g iglo Rosenkohl, aufgetaut
- 3 EL Miracel Whip
- 2 kleine Schweineschnitzel (à ca. 125 g)
- 2 TL Rapsöl
- 200 g frische Ananasscheiben
- 1 TL grober schwarzer Pfeffer
- 1 EL brauner Zucker
- 1 Zweig Kerbel
- Salz, Pfeffer

Ungeschälte Kartoffeln mit einer Bürste gründlich waschen, halbieren oder, wenn sie größer sind, in 2 x 2 cm kleine Würfel schneiden und in eine Schüssel geben.

Rosenkohlröschen halbieren, zu den Kartoffeln geben und mit der Salatcreme gut vermengen. Das Kartoffel-Rosenkohl-Gemüse auf ein mit Backpapier ausgelegtes Backblech geben und im vorgeheizten Backofen (200 °C, Ober-/Unterhitze) etwa 20 Minuten backen.

Schnitzel klopfen, mit Salz und Pfeffer würzen und im heißen Öl von beiden Seiten etwa 2 Minuten braten. Herausnehmen und warm stellen. Im Bratfett die Ananasscheiben anbraten, schwarzen Pfeffer und braunen Zucker zugeben und karamellisieren lassen.

Schnitzel auf flache Teller geben, Ananas darüber verteilen, Kartoffel-Rosenkohl-Gemüse dazu anrichten und mit Kerbelblättchen garnieren.

Nährwerte je Portion: 563 kcal / 2358 kJ, 33 g E, 21 g F, 53 g KH

Mozzarella-Frikadellen auf Tomatenreis

30 Min

Für 3 Portionen

Frikadellen
- 1 Brötchen vom Vortag
- 300 g Beefsteakhack
- 1 EL Senf
- 1 Ei, Größe M
- 1 Packung iglo Basilikum
- 75 g Mini-Mozzarella-Kugeln
- Salz, Pfeffer, scharfer Paprika

Reis
- 125 g Langkornreis
- 200 ml Brühe
- 2 EL Tomatenmark
- 370 g Tomatenstückchen
- 300 g iglo Junge Erbsen
- 1 Knoblauchzehe
- 1 EL Olivenöl
- frische Basilikumblättchen

Brötchen in kaltem Wasser einweichen. Beefsteakhack mit Senf, Ei und ausgedrücktem Brötchen gut verkneten, mit Salz, Pfeffer, Paprika und Basilikum würzen. Mozzarella-Kugeln vierteln und vorsichtig unter das Hackfleisch mischen. Sechs Frikadellen formen.

Reis mit Brühe und Tomatenmark zum Kochen bringen. Mit geschlossenem Deckel bei kleinster Hitze 8 Minuten quellen lassen. Tomatenstückchen und tiefgefrorene Erbsen zum Reis geben, einmal aufkochen lassen und etwa 3 Minuten garen.

Knoblauchzehe schälen und in feine Scheiben hobeln oder schneiden, in einer Pfanne mit wenig Öl knusprig rösten und unter den Reis heben. Frikadellen in heißem Öl bei mittlerer Hitze 7–9 Minuten auf beiden Seiten braten.

Reis auf Teller verteilen, mit Basilikumblättchen bestreuen und die Frikadellen daneben anrichten.

Nährwerte je Portion: 573 kcal / 2405 kJ, 40 g E, 17 g F, 61 g KH

Hähnchenbrust auf orientalischem Möhrengemüse

25 Min

Für 2 Portionen

2 Orangen
1 Bund Frühlingszwiebeln
4 Stängel Staudensellerie
400 g iglo Rahm-Karotten
2 Hähnchenbrustfilets (ca. 300 g)
1 EL Rapsöl
1 EL Honig
1/2 Bund Petersilie
Salz, Pfeffer
je 1 Prise Kreuzkümmel, Koriander und Zimt

Orangen mit einem scharfen Messer bis auf das Fruchtfleisch schälen, sodass die weiße Haut auch entfernt ist. Die einzelnen Filets herausschneiden, dabei den Saft auffangen. Frühlingszwiebeln putzen und in mundgerechte Stücke schneiden. Sellerie putzen und in Scheiben schneiden.

Orangensaft, Frühlingszwiebeln, Sellerie und tiefgefrorene Rahmkarotten in einem Topf aufkochen lassen. Kreuzkümmel, Koriander und Zimt zufügen und bei schwacher Hitze 6–7 Minuten garen. Zum Schluss die Orangenfilets untermischen.

Hähnchenfleisch mit Salz und Pfeffer würzen und in Öl knusprig anbraten. Mit Honig bepinseln und im vorgeheizten Backofen (180 °C, Ober-/Unterhitze) 6–8 Minuten fertig braten.

Fleischscheiben auf dem Gemüse anrichten und mit frischer Petersilie bestreut servieren. Dazu passt Basmatireis.

Nährwerte je Portion: 520 kcal / 2175 kJ, 39 g E, 25 g F, 30 g KH

Geflügel-Gemüse-Döner

25 Min

Für 4 Portionen

2 Hähnchenbrustfilets (ca. 300 g)
1 EL Olivenöl
1 EL Gyrosgewürz
400 g iglo Pfannen-Gemüse Französisch
1 rote Zwiebel
1/4 Kopf Eisbergsalat
8 Sandwichtaschen oder Dönerbrötchen

Sauce
400 g Joghurt (1,5 % Fett)
1 Packung iglo Knoblauch-Duo
Salz, Pfeffer, Zucker

Hähnchenbrustfilets in feine Streifen schneiden, in heißem Öl anbraten und mit Gyrosgewürz bestäuben. Pfannengemüse tiefgefroren zugeben und etwa 9 Minuten braten.

Zwiebel schälen und in Ringe, den Eisbergsalat in Streifen schneiden und beides unter das Gemüse heben.

Joghurt mit Knoblauch-Duo verrühren und mit Salz, Pfeffer und Zucker abrunden.

Mischung in Sandwichtaschen oder Dönerbrötchen füllen und in jede Tasche 2 EL Sauce geben.

Nährwerte je Portion: 329 kcal / 1380 kJ, 29 g E, 13 g F, 70 g KH

Rotkohl mit Rotweinschalotten und Pfeffersteaks

25 Min

Für 2 Portionen

150 g kleine Schalotten
3 EL Rapsöl
2 EL brauner Zucker
1/8 l kräftiger Rotwein
2 EL Rotweinessig
450 g iglo Apfel-Rotkohl
4 kleine Minutensteaks vom Rind
1 EL gehackte glatte Petersilie
Salz, grober Pfeffer,
gemahlener Piment

- Schalotten für 1 Minute in kochendes Wasser geben, abgießen und mit kaltem Wasser abschrecken. So lässt sich die Haut mühelos mit den Fingern entfernen, eventuell mit einem Messer die Wurzel abschneiden.

- Schalotten in 1 TL Öl anschwitzen. Zucker zugeben, kurz schmelzen lassen und mit Rotwein und Essig aufgießen. Piment zufügen und 10 Minuten köcheln lassen.

- Tiefgefrorenen Apfel-Rotkohl in ca. 12 Minuten in einem zugedeckten Topf auftauen, erwärmen und kurz aufkochen lassen. Dabei mehrmals umrühren.

- Steaks im restlichen Öl 2–3 Minuten braten und mit Salz und grobem Pfeffer würzen.

- Rotweinschalotten mit dem Rotkohl vermengen, auf Tellern anrichten und die Steaks darauf platzieren. Mit Petersilie bestreuen. Dazu passen sehr gut karamellisierte Kartoffeln.

Nährwerte je Portion: 481 kcal / 2017 kJ, 32 g E, 11 g F, 50 g KH

Schweinefilet mit exotischem Fruchtreis

40 Min

Für 3 Portionen

300 g Schweinefilet
1 kleine rote Chilischote
5 EL Sojasauce
1 Packung iglo Zwiebel-Duo
2 EL Sesamöl
125 g Parboiled Reis
250 ml Gemüsebrühe
400 g iglo Pfannen-Gemüse Chinesisch
100 g frische Ananas (oder aus der Dose)
Saft von 1 Limone
1 EL Honig
1 Stück Ingwer (ca. 3 cm)
Salz, Pfeffer

Schweinefilet in einen Gefrierbeutel legen. Chilischote halbieren, entkernen, in feine Streifen schneiden und mit der Sojasauce zum Schweinefilet geben. Beutel verschließen, Luft dabei herauslassen und über Nacht marinieren.

Zwiebeln in 1 EL heißem Öl anschwitzen. Reis dazu geben und mit 200 ml Brühe aufgießen. Einmal aufkochen lassen und mit geschlossenem Deckel bei kleinster Hitze 10 Minuten garen.

Schweinefilet aus der Marinade nehmen, abtropfen lassen und in einer backofenfesten Pfanne im restlichen Öl von allen Seiten anbraten. Im vorgeheizten Backofen (180 °C, Ober-/Unterhitze) in 7–9 Minuten fertig braten.

Tiefgefrorenes Gemüse und die in Stücke geschnittene Ananas in einer beschichteten Pfanne 4 Minuten bei starker Hitze anbraten, bei mittlerer Hitze 4–6 Minuten weiter braten, Reis zufügen und gut vermischen.

Schweinefilet aus der Pfanne nehmen und kurz ruhen lassen. Bratensatz mit Marinade, Limonensaft und 50 ml Brühe ablöschen, etwas einkochen lassen und mit Honig und fein geriebenem Ingwer abschmecken.

Schweinefilet in Scheiben schneiden, nach Geschmack mit Salz und Pfeffer würzen und auf dem Gemüsereis anrichten. Mit der Sauce beträufeln.

Nährwerte je Portion: 589 kcal / 2460 kJ, 30 g E, 25 g F, 54 g KH

Italienische Rouladen

45 Min

Für 3 Portionen

4 dünne Putenschnitzel (à ca. 80 g)
4 TL Senf
1 Packung iglo Italienische Kräuter
4 Scheiben Parmaschinken
30 g Parmesan
1 EL Olivenöl
1 Packung iglo Zwiebel-Duo
1/8 l Sherry (Medium dry)
500 ml Gemüsebrühe
150 g Langkornreis
450 g iglo Erbsen & Karotten
Saft von 1 Limone
etwas Speisestärke
Salz, Pfeffer

Putenschnitzel etwas flach klopfen und mit Salz und Pfeffer würzen. Mit Senf bestreichen und mit den Kräutern bestreuen. Jeweils eine Scheibe Schinken darauf legen und Parmesan darüber reiben. Schnitzel aufwickeln und mit Zahnstochern feststecken.

Im heißen Öl rundherum anbraten. Zwiebel-Duo kurz mitbraten und mit Sherry und 200 ml Brühe ablöschen. Bei geschlossenem Deckel 15–20 Minuten bei kleiner Hitze schmoren.

Reis in restlicher Brühe aufkochen und etwa 8 Minuten bei kleinster Hitze und geschlossenem Deckel quellen lassen. Tiefgefrorene Erbsen und Karotten zugeben, wieder aufkochen und weitere 2–3 Minuten köcheln lassen. Mit Salz, Pfeffer und Limonensaft abschmecken.

Putenröllchen aus der Sauce nehmen und warm stellen. Sauce je nach gewünschter Konsistenz mit Speisestärke, in Wasser angerührt, binden.

Reis auf Teller verteilen, Putenröllchen darauf anrichten und mit der Sauce servieren.

Nährwerte je Portion: 620 kcal / 2605 kJ, 41 g E, 15 g F, 59 g KH

Honigente auf scharfem Apfel-Rotkohl

45 Min

Für 2 Portionen

$^1/_2$ Packung iglo Knoblauch-Duo
1 $^1/_2$ TL Sambal Oelek
5 EL Rapsöl
1 Entenbrustfilet
$^1/_2$ Bund Frühlingszwiebeln
450 g iglo Apfel-Rotkohl
1 EL Honig

Knoblauch, 1 TL Sambal Oelek und 3 EL Öl miteinander verrühren und mit dem Entenbrustfilet in einen Gefrierbeutel füllen. Über Nacht, mindestens 6 Stunden, marinieren.

Frühlingszwiebeln putzen und in Ringe schneiden. Tiefgefrorenen Rotkohl zugeben und kurz aufkochen lassen, dabei mehrmals umrühren. Zum Schluss $^1/_2$ TL Sambal Oelek zufügen.

Die Entenbrust aus der Marinade nehmen, abtropfen lassen und im restlichen Öl in einer backofenfesten Pfanne knusprig anbraten. Mit Honig bepinseln und im vorgeheizten Backofen (180 °C, Ober-/Unterhitze) je nach Größe in ca. 10–15 Minuten fertig garen.

Fleisch aus der Pfanne nehmen und kurz ruhen lassen. Bratensatz mit der Marinade ablöschen.

Die Entenbrust in dünne Scheiben schneiden, auf dem Rotkohl anrichten, mit der Sauce beträufeln und mit Salzkartoffeln servieren.

Nährwerte je Portion: 506 kcal / 2124 kJ, 22 g E, 29 g F, 34 g KH

Lammrückenfilet auf grünem Püree

25 Min

Für 3 Portionen

- 300 g Lammrückenfilet
- 1 kleiner Zweig Rosmarin
- 1 EL Olivenöl
- 1 Packung iglo Zwiebel-Duo
- 125 ml kräftiger Rotwein
- 3 EL Balsamico-Essig
- Salz, schwarzer Pfeffer, 1 TL Zucker

Erbsenpüree

- 300 g iglo Junge Erbsen
- 200 ml Gemüsebrühe
- 2 EL Kartoffelpüreepulver
- 2 EL Trüffelöl
- Salz, Pfeffer

Lammfilet mit Salz und viel grobem Pfeffer würzen. Mit den abgezupften Rosmarinnadeln im heißen Öl anbraten und im vorgeheizten Backofen (180 °C, Ober-/Unterhitze) in 7–8 Minuten fertig braten. In Alufolie wickeln und 2-3 Minuten ruhen lassen.

Zwiebeln im Bratensatz anschwitzen und mit Wein und Essig ablöschen. Zucker zufügen und alles um die Hälfte einkochen lassen.

Tiefgefrorene Erbsen in die kochende Brühe geben, aufkochen lassen und 3–4 Minuten garen, dann mit einem Mixstab pürieren. Püreepulver und Trüffelöl unterrühren und mit Salz und Pfeffer abschmecken.

Das Fleisch in Scheiben schneiden und mit dem Püree anrichten. Die Sauce über die Fleischscheiben geben.

Nährwerte je Portion: 430 kcal / 1807 kJ, 26 g E, 23 g F, 20 g KH

Indischer Reis mit Curryhuhn

25 Min

Für 3 Portionen

- 1 Packung iglo Zwiebel-Duo
- 2 $^{1}/_{2}$ TL Currypulver
- 2 EL Sesamöl
- 150 g Parboiled Reis
- 400 ml Gemüsebrühe
- 1 Döschen gemahlener Safran (0,1 g)
- 100 g Fenchel
- 50 g getrocknete Aprikosen
- 400 g iglo Rahm-Karotten
- 50 g Sultaninen
- 2 Hähnchenbrustfilets (ca. 300 g)
- 1 Hand voll frisches Koriandergrün

Zwiebeln mit $^{1}/_{2}$ TL Curry in 1 EL heißem Öl anschwitzen. Reis zugeben, kurz mit anschwitzen und mit Brühe ablöschen. Safran zufügen und 5–6 Minuten köcheln lassen.

Fenchel putzen, halbieren, Strunk entfernen und in Streifen schneiden. Getrocknete Aprikosen klein würfeln. Tiefgefrorene Rahm-Karotten, Fenchelstreifen, Sultaninen und Aprikosen zum Reis geben, zum Kochen bringen und weitere 5–6 Minuten köcheln lassen.

Hähnchenbrüste mit je 1 TL Curry einreiben und im restlichen Öl kräftig anbraten. Fleisch in Streifen schneiden, zusammen mit dem Gemüse-Safran-Reis und Korianderblättchen servieren.

Nährwerte je Portion: 623 kcal / 2600 kJ, 31 g E, 21 g F, 72 g KH

Schweinefleisch süß-sauer

85 Min

Für 2 Portionen

200 g Schweinefilet
4 EL Sojasauce
Eiweiß von 1 Ei, Größe M
3 TL Speisestärke
120 g Basmatireis
2 TL Sesamöl
400 g iglo Asia Wok-Mix
100 ml Orangensaft
2 EL Ketchup
1 TL Zucker
2 TL Reisessig (oder Weißweinessig)
Salz, Pfeffer

Schweinefilet in Streifen schneiden. Mit Sojasauce, Eiweiß und 1 1/2 TL Stärke gut vermischen und 1 Stunde marinieren lassen.

Reis mit der doppelten Menge Wasser und etwas Salz aufkochen, dann bei geschlossenem Deckel bei kleinster Hitze 10 Minuten quellen lassen. Auf einem Sieb abtropfen lassen und in einer Pfanne im heißen Öl knusprig-braun anbraten, herausnehmen und warm stellen.

Die marinierten Fleischstreifen in einer beschichteten Pfanne anbraten. Asia Wok-Mix tiefgefroren zugeben und 3–5 Minuten weiter braten, dabei immer wieder umrühren. Orangensaft, Ketchup, Zucker und Reisessig zufügen, aufkochen und nach Bedarf mit der restlichen, in Wasser angerührten Stärke abbinden. Mit Salz und Pfeffer abschmecken.

Süß-saures Schweinefleisch in Schälchen anrichten und mit Reis servieren.

Nährwerte je Portion: 644 kcal / 2692 kJ, 35 g E, 18 g F, 77 g KH

Schweinefilet-Medaillons mit Gremolata

30 Min

Für 3 Portionen

300 g Kartoffeln
1 rote Zwiebel
2 EL Olivenöl
450 g iglo Farmers Gemüse
50 g grüne Oliven, ohne Stein
300 g Schweinefilet
Salz, schwarzer Pfeffer

Gremolata

1 Packung iglo Petersilie
1/2 Packung iglo Knoblauch-Duo
Schale von 1 unbehandelten Zitrone

- Kartoffeln schälen, waschen und in grobe Würfel schneiden. Zwiebel schälen und achteln. In einer beschichteten Pfanne Kartoffeln in 1 EL heißem Olivenöl 10 Minuten bei mittlerer Hitze braten. Zwiebelachtel und tiefgefrorenes Gemüse zugeben und weitere 5 Minuten braten. In Scheiben geschnittene Oliven untermischen und mit Salz und Pfeffer würzen.
- Schweinefilet in Medaillons schneiden und im restlichen Öl scharf anbraten. Mit Salz und viel grobem Pfeffer würzen und bei kleiner Hitze in 3–4 Minuten fertig braten.
- Für die Gremolata Petersilie, Knoblauch und fein geriebene Zitronenschale mischen und die fertig gebratenen Medaillons damit bestreuen.
- Das Gemüse auf Teller verteilen und die Medaillons darauf anrichten.

Nährwerte je Portion: 422 kcal / 1769 kJ, 27 g E, 20 g F, 27 g KH

Kasseler Gemüsepfanne

25 Min

Für 3 Portionen

300 g mageres Kasseler
1 EL Rapsöl
1 rote Zwiebel
1/8 l Weißwein
200 ml Gemüsebrühe
400 g iglo Rahm-Gartengemüse
1 TL grüner Pfeffer (aus dem Glas)
1 TL grober Dijon-Senf
frisches Petersiliengrün
Salz, Pfeffer

- Kasseler in fingerdicke Streifen schneiden und im heißen Öl 2–3 Minuten von allen Seiten knusprig braten. Herausnehmen und warm stellen.
- Zwiebel schälen, achteln und im Bratensatz anschwitzen. Mit Weißwein und Gemüsebrühe ablöschen und etwas einkochen lassen. Tiefgefrorenes Gartengemüse und grünen Pfeffer zufügen, aufkochen und 5–6 Minuten köcheln lassen.
- Senf unterrühren, Kasselerstreifen untermischen und mit Salz und Pfeffer abschmecken.
- Mit frischem Petersiliengrün bestreut auf Tellern anrichten und Spätzle dazu servieren.

Nährwerte je Portion: 403 kcal / 1682 kJ, 26 g E, 23 g F, 12 g KH

Räuberspieße auf Rahmporree

40 Min

Für 2 Portionen

20 g getrocknete Morcheln
150 g Hähnchenbrustfilet
150 g Schweinefilet
1 Apfel (ca. 200 g)
1 Zwiebel
1 EL Rapsöl
20 g Katenschinken, gewürfelt
1 Packung iglo Zwiebel-Duo
1/8 l Weißwein
400 g iglo Rahm-Porree
Salz, Pfeffer

Morcheln in heißem Wasser 10-15 Minuten einweichen. Fleisch in große Würfel schneiden und mit Salz und Pfeffer würzen. Apfel ebenso würfeln, Zwiebel schälen und achteln.

Fleischwürfel, Apfel- und Zwiebelstücke abwechselnd auf Schaschlik-Spieße stecken und im heißen Öl 4–5 Minuten von allen Seiten knusprig braten. Herausnehmen und warm stellen.

Morcheln gut abtropfen lassen und in Scheiben schneiden. Morcheln und Schinken zusammen mit den Zwiebeln im Bratensatz anschwitzen, mit Wein ablöschen und etwas einkochen lassen. Tiefgefrorenen Porree zufügen, aufkochen und bei geringer Hitze 5–6 Minuten köcheln lassen. Dabei mehrmals umrühren, mit Salz und Pfeffer abschmecken.

Gemüse auf Teller verteilen, Spieße darauf anrichten und mit Salzkartoffeln oder Kartoffelklößchen servieren.

Nährwerte je Portion: 517 kcal / 2166 kJ, 40 g E, 22 g F, 21 g KH

Schweinefilet im Salbei-Parma-Mantel

35 Min

Für 2 Portionen

60 g Instant Polentagrieß
200 ml Gemüsebrühe
3 TL Olivenöl
200 g Schweinefilet
30 g Parmaschinken, in Scheiben
1 Zweig Salbei
1/2 Packung iglo Knoblauch-Duo
300 g iglo Prinzessbohnen
75 ml Balsamico-Essig
50 ml Rotwein
Salz, Pfeffer, 2 EL Zucker

Polenta in die heiße Brühe einrühren und unter ständigem Rühren 2–3 Minuten quellen lassen. Eine kleine, rechteckige Auflaufform mit etwas Öl auspinseln, die Polenta daumendick einfüllen und glatt streichen. Zugedeckt 5 Minuten quellen lassen und warm stellen.

Schweinefilet mit Salz und Pfeffer würzen. Parmaschinken mit Salbeiblättern belegen, das Filet darauf platzieren und darin einwickeln. In einer heißen feuerfesten Pfanne mit der Naht nach unten in 2 TL Öl von allen Seiten knusprig braten und im vorgeheizten Backofen (180 °C, Ober-/Unterhitze) 6–7 Minuten weitergaren.

Backofen ausschalten und Pfanne heraus nehmen. Filet auf einen Teller legen und zum Warmhalten wieder in den Ofen stellen.

In einem Topf Knoblauch in 1 TL Öl anschwitzen. Tiefgefrorene Bohnen und 125 ml Wasser zugeben, nach dem Aufkochen 4–5 Minuten dünsten. Mit Salz und Pfeffer würzen.

Den Bratensatz in der Pfanne mit Balsamico und Rotwein ablöschen. Zucker zufügen und 1–2 Minuten einkochen lassen. Polenta aus der Form stürzen und in Rauten schneiden. Das Filet in fingerdicke Scheiben schneiden und mit der Sauce beträufeln. Zusammen mit den Polentaschnitten und den Bohnen servieren.

Nährwerte je Portion: 503 kcal / 2108 kJ, 26 g E, 23 g F, 33 g KH

Rotkohlgulasch

85 Min

Für 3 Portionen

400 g mageres Rindfleisch (z.B. aus der Keule)
2 EL Rapsöl
2 rote Zwiebeln
1 EL Tomatenmark
1 TL Paprikapulver, rosenscharf
200 ml trockener Rotwein
200 ml Gemüsebrühe
450 g iglo Apfel-Rotkohl
2 Lorbeerblätter
50 g Wildpreiselbeeren (aus dem Glas)
Schale von $^1/_2$ Zitrone
gemahlener Zimt
gemahlene Nelken
etwas Petersilie, gehackt
Salz, Pfeffer

Rindfleisch würfeln, im Öl scharf anbraten und mit Salz und Pfeffer würzen. Zwiebeln schälen, achteln und mitbraten. Tomatenmark zufügen und ebenfalls unter Rühren kurz anschwitzen. Paprikapulver darüber stäuben und mit Rotwein und Brühe ablöschen. 1 Stunde bei kleiner Hitze und geschlossenem Deckel schmoren lassen.

Tiefgefrorenen Rotkohl und die Lorbeerblätter zufügen, aufkochen und weitere 12 Minuten köcheln lassen. Mit Preiselbeeren, Zitronenschale, je einer Prise Zimt und Nelke sowie Salz und Pfeffer abschmecken und mit gehackter Petersilie bestreuen.

Dazu schmecken Semmelknödel sehr gut.

TIPP: Statt Rindfleisch Hirschfleisch verwenden!

Nährwerte je Portion: 479 kcal / 2005 kJ, 33 g E, 21 g F, 24 g KH

Kasseler mit Grünkohl und karamellisierten Kartoffeln

45 Min

Für 3 Portionen

450 g iglo Grünkohl
250 ml Gemüsebrühe
1 Packung iglo Zwiebel-Duo
300 g mageres Kasseler
400 g kleine Kartoffeln
1/2 TL Kümmel
1 TL Rapsöl
1 EL Zucker
3 EL Senf
Salz, Pfeffer

Tiefgefrorenen Grünkohl im geschlossenen Topf bei mittlerer Hitze in der Brühe auftauen. Zwiebeln und Kasseler zugeben und bei geschlossenem Deckel 30–40 Minuten schmoren, dabei mehrmals vorsichtig umrühren. Nach Bedarf nochmals Brühe zugeben.

Ungeschälte Kartoffeln in Salzwasser mit Kümmel 15–20 Minuten gar kochen, abgießen, abschrecken und pellen. Im heißen Öl bei mittlerer Hitze kross braten und mit Salz und Pfeffer würzen. Zucker über die Kartoffeln rieseln und 2–3 Minuten karamellisieren lassen.

1 EL Senf unter den Grünkohl rühren und mit Salz und Pfeffer abschmecken. Kasseler herausnehmen, in Scheiben schneiden und auf dem Grünkohl anrichten. Mit den karamellisierten Kartoffeln und dem restlichen Senf servieren.

Nährwerte je Portion: 489 kcal / 3683 kJ, 30 g E, 23 g F, 35 g KH

Lammrücken an Rotkohlstrudel

50 Min

Für 3 Portionen

Rotkohlstrudel

1 frische Blätterteigplatte (aus dem Kühlregal)
150 g Kartoffeln
1 Apfel
$^1/_2$ Bund Frühlingszwiebeln
225 g iglo Apfel-Rotkohl
1 EL Grieß
1 Eigelb
Salz

Lammrücken

300 g Lammrückenfilet
1 TL Rapsöl
1 Zweig Rosmarin
1 Zweig Thymian
Salz, Pfeffer

Blätterteig auf einer bemehlten Arbeitsfläche zu einem gleichmäßig dünnen Rechteck von ca. 30 x 40 cm ausrollen und ruhen lassen.

Kartoffeln schälen, würfeln und in Salzwasser 10 Minuten kochen. Abgießen und abkühlen lassen. Den geschälten, entkernten Apfel in Spalten schneiden. Frühlingszwiebeln putzen und in Ringe schneiden.

Rotkohl in einem Topf bei mittlerer Hitze 4-5 Minuten auftauen. Mit Apfelspalten, Frühlingszwiebeln, Grieß und Kartoffelwürfeln vermengen und auf dem ausgelegten Teig verteilen. Die Seitenränder einschlagen und vorsichtig aufrollen. Mit verquirltem Eigelb bestreichen. Im vorgeheizten Backofen (200 °C, Ober-/Unterhitze) etwa 15 Minuten goldbraun backen.

Lammrücken mit Salz und Pfeffer würzen und in einer beschichteten Pfanne im heißen Öl von allen Seiten anbraten. Die abgezupften Rosmarinnadeln zugeben und bei kleiner Hitze fertig braten.

Strudel und Filet in dicke Scheiben schneiden und auf Tellern anrichten. Mit Bratenfond und Thymian garnieren.

Nährwerte je Portion: 498 kcal / 2090 kJ, 26 g E, 23 g F, 39 g KH

Rezeptregister

Impressum

Bildnachweis:
Unilever Deutschland GmbH
Ice Cream and Frozen Food

Herausgeber:
Unilever Deutschland GmbH
Ice Cream and Frozen Food

www.tretorri.de

Idee, Konzeption und Umsetzung:
CPA! Communications- und Projektagentur GmbH, Wiesbaden
www.cpagmbh.de

Fotografie:
Christiane Krüger, Hamburg

Foodstyling:
Maik Schacht, Hamburg

Titelfoto:
Foodartfactory Rosenheim;
Klaus-Maria Einwanger und Michael Pannewitz

Buchgestaltung:
Michael Kasper Visuelle Kommunikation, Emmelshausen

Satz:
Buch-Werkstatt GmbH, Bad Aibling

Reproduktion:
Lorenz & Zeller, Inning am Ammersee

Druck & Bindung:
Hofmann Druck, Nürnberg

Printed in Germany

ISBN: 3-937963-25-1